어머니 회초리에 힘이 없으시니

인 지
생 략

21세기 소학

어머니 회초리에 힘이 없으시니

초판 1쇄 인쇄   2000년 4월 20일

초판 1쇄 발행   2000년 4월 25일

지은이 : 임종문
펴낸이 : 이준영

회장 · 양태조
주간 · 김창완
편집 · 홍윤정 / 교정 · 강화진 / 영업 · 안성균 / 표지장정 · 이상준
조판 · 태광문화 / 인쇄 · 남양인쇄 / 제본 · 기성제책 / 유통 · 문화유통북스

펴낸곳 : 자유문고
서울 영등포구 당산동6가 121-73 영등빌딩 B동 401호
전화 · 2637 - 8988 · 676 - 9759 / FAX · 676 - 9759
등록 · 제2 - 93호(1979. 12. 31)

정가 8,000원

※잘못 만들어진 책은 구입하신 서점에서 바꿔드립니다.

ISBN 89 - 7030 - 301 - 4 04150
ISBN 89 - 7030 - 300 - 6 (세트)

21세기 소학
어머니 회초리에 힘이 없으시니

임 종 문 지음

자유문고

21세기에 읽는
동양 사상 시리즈를 펴내며
● ● ● ● ●

일찍이 인류 문명의 발상지였던 중국을 중심으로 한 동양의 정신은 그 시발에서부터 오늘에 이르기까지 '사람다운 사람이 사는 세상'을 추구해 왔었다.

사람이 사람을 사랑하고, 우주와 자연의 섭리에 순응하며, 사람이 지상의 주인으로서 풀잎 하나, 개미 한 마리까지도 따뜻한 사랑으로 감싸안으며 사는 세상이야말로 우리가 꿈꾸는 이상향일 것이다.

우리 동양인들은 서양의 현란한 문명에 잠시 넋을 놓았던 것을 반성하지 않을 수 없다.

지배의 원리로 세상을 보는 서양적 발상으로는 피비린내나는 싸움의 역사를 종식시킬 수 없으며, 평화와 자유의 세계를 이룩할 수 없다는 것을 우리는 너무나도 절실하게 경험했다.

그런 경험을 바탕으로 해서, 우주 창조 이래 변함없는 빛으로 밤하늘을 아름답게 수놓아 온 별과 같이, 인류 문명의 발상 이래 변하지 않는 진리로 전해 오는 동양의 정신적 언어를 오늘의 젊은 세대들이 쉽게 읽을 수 읽도록 재정리함으로써, 우리가 잠시 버렸던 진리의 언어를 되찾고자 하는 작업을 전개하려는 것이다.

21세기에 읽는 동양 사상 편집 위원

머 리 말
• • • • •
'사랑'의 실천을 통한 인성 교육 지침서

    우리는 가정 교육이 사라진 시대에 살고 있다. 핵가족 세대가 대세를 이루면서 아버지는 물론이고 어머니까지 돈벌이에 나서면서 자녀를 돌보고 교육시킬 사람이 가정에서 없어져 버린 것이다.

    그렇다고 학교에서 가정 교육의 몫을 담당해 주고 있느냐 하면 그것도 아니다. 학교는 극심한 성적 경쟁의 지옥으로 전락한 지 오래이다.

    우리의 미래를 짊어질 우리의 아이들은 지식 교육의 노예가 되어 새벽부터 밤중까지 학교와 학원 사이를 뛰어다니며 아름다운 시절을 창백한 형광등 아래서, 마치 색깔 바랜 조화처럼 보내고 있다.

    사람이 사람으로 태어나 사람으로 살아가야 할 인성 교육은 눈 씻고 찾아볼래야 볼 수 없는 시대가 되었고, 인성 교육을 받지 못하고 자란 아이들은, 극단적 이기주의에 물들어 사람들이 함께 어울려 사는 데 필요한 자기 절제와 겸손, 그리고 양보의 미덕을 바보들이나 갖는 천성쯤으로 격하하고 말았다. 그러나 과연 그럴까. 사람이 사람을 적으로 보고 증오에 가까운 경계의 눈초리로 사람들을 보면서 자기 방어에만 급급한 세태에서, 사람들은 과연 인간다운 행복을 가질 수 있을까?

이제 우리는 우리 아이들에게 함께 어울려 사는 지혜와 함께 어울려 사는 데서 얻는 행복의 가치를 가르치고, 그것의 감동을 추구하는 법을 가르쳐야 하는 절박한 시대적 요구에 직면해 있다.

이제 지식은 인간의 두뇌 몫이 아니라 컴퓨터의 몫이 되어 버렸다. 인간의 두뇌는 지식을 쌓고 지식을 저장해 두는 창고가 아니라 창조적인 꿈의 핵발전소가 되어야 하는 시대를 맞고 있다. 그래서 교육 정책의 개혁도 창의적인 교육으로 전환을 시도하고 있으며, 창의적인 교육 현장이 우리보다 더 크게 열려 있는 외국으로 조기 유학을 보내려는 학부모들이 늘고 있는 추세에 있다.

그러나 알고 보면, 지식 교육보다 창의 교육이 좋은 것처럼 창의 교육보다 더 좋은 것은 인성 교육이라는 사실이다.

사람이 짐승과 다른 점은 인륜이 있고 도덕이 있기 때문이다. 그 인륜과 도덕의 본성과 실천적 의지를 가르치는 교육을 우리는 예로부터 가정에서 맡아 왔었다.

고려 중기 이후부터 한말에 이르기까지 무려 7백여 년의 세월 동안 우리 민족의 청소년 교육, 그 중에서도 인성 교육의 교과서로 사용되어 왔던 '소학'은, 그것이 비록 유학(儒學) 속에 깃들여 있는 철학과 인생관에 바탕을 둔 것이라 하더라도, 인간의 보편적인 가치관에 충실한 것이기 때문에 오늘에 되살려 적용한다고 해도 어색할 것이 없다고 생각된다.

7

'소학'은 원래 내편 외편으로 나뉘어 있으며, 내편은 입교(立
敎), 명륜(明倫), 경신(敬身), 계고(稽古)의 4권으로 되어 있고,
외편은 가언(嘉言), 선행(善行)의 2권으로 되어 있다.

'소학'의 전편에 흐르는 사상은 '인간 사랑'이다. 부모가 자식
을 사랑하여 그 사랑을 '교육'이라는 형식을 통해 실천하고, 자
식이 부모를 사랑하여 그 사랑을 '효'라는 형식을 통해서 실천하
고, 부부가 서로 사랑하여 그 사랑을 '서로 다름'을 인정하는 역
할 분담으로 실천하고, 형제와 이웃이 서로 사랑하여 그 사랑을
'의리'로써 실천하고, 백성이 나라를 사랑하고 임금이 신하를 사
랑하고 신하가 임금을 사랑하여 그 사랑을 '충성'으로써 실천한
다는 일관된 사상은 곧 '사랑'이라는 현대적 단어로 대체할 수 있
을 것이다.

이 책에서는 '소학'의 전편에 흐르는 사랑을 주 테마로 삼고, 자
기 사랑, 아이 사랑, 부모 사랑, 나라 사랑, 부부 사랑, 가족 사랑
이웃 사랑으로 다시 편성해서 묶었다.

한글 세대인 젊은이들이 읽기 쉽도록 하기 위해서 가능한 한자
를 쓰지 않았으며, 직역하기보다는 의역으로 내용을 전달하기 위
해 노력했다. 또 내용 중 현대적인 삶과 너무 동떨어진 것은 빼고,
현대적인 삶에 대응할 만한 내용은 좀 동떨어진 이야기라도 다듬
어 실었으므로 새겨서 읽어 주기 바란다.

아무쪼록 이 책이 자라나는 세대들의 가슴 속에 좋은 가치관으

로 심어져서, 우리가 함께 어울려 사는 사람으로서 지켜야 할 도
리와 사람다운 사람으로서 지켜야 할 가치관을 만드는 데 참고가
되었으면 한다.

'소학'은 어떤 책인가

중국에서는 기원전 2205년 경부터 소학교를 설치하고 고대 사
회인 하(夏), 은(殷), 주(周)나라 시대에 학교 교육을 실시해 왔
다. 이 책이름도 학교 이름을 그대로 따 온 것이다.

'대학' 서문에 보면 "사람이 태어나 8세가 되면 소학(小學)에
들어가 물 뿌려 마당을 쓸며, 어른을 맞아 들이고 어른을 접대하
며, 어른 앞으로 나아가고 어른 앞에서 물러나는 법도와 6례(禮,
樂,射,御,書,數)를 배웠다."고 씌어 있다.

그 후 역대 왕조를 거치면서 세상이 어지러워지고 소학의 교육
이 사라질 위기에 처하게 되었다.

남송의 유학자인 주희(朱熹)가 소학의 교육이 사라질 위기에
처한 것을 안타깝게 여겨, 옛 성현의 말과 행실 등을 모아 오늘에
전하는 청소년 교육을 위한 교과서 '소학'을 만들었다.

이 '소학'은 내편(內篇)과 외편(外篇)으로 되어 있는데, 내편은
입교(立敎), 명륜(明倫), 경신(敬身), 계고(稽古)의 4권으로 되어
있고, 외편은 가언(嘉言), 선행(善行)의 2권으로 구성되어 있다.

내 편

제1권 입교 : 교육을 세운다는 뜻으로 태교에서부터 가정에서 기초 교육으로 가르쳐야 할 교육법에 이르기까지를 다루었다.

제2권 명륜 : 인간의 기본 도덕인 오륜(五倫), 즉 어버이와 자식, 임금과 신하, 남편과 아내, 어른과 아이, 벗과 벗 사이의 도리를 다루었다.

제3권 경신 : 자신의 인격을 도야하는 내용으로 마음가짐, 몸가짐, 의복, 음식 등에 관한 법도를 다루었다.

제4권 계고 : 고대 중국의 성현부터 한(漢)나라 이전까지의 성현들의 언행을 상고하여 그것을 입교, 명륜, 경신의 사실과 비교하고 행동 방식의 실제를 열거하여 입증했다.

외 편

제5권 가언 : 한나라 이후부터 송나라에 이르는 시대를 살다 간 옛 성현들이 남긴 문헌에서 교훈이 될 만한 좋은 말을 가려 뽑아 엮었다.

제6권 선행 : 한나라 이후부터 송나라에 이르는 시대를 살다 간 사람들의 행실에서 교훈이 될 만한 이야기를 모아 엮었다.

'소학'이 우리 나라에 들어온 시기는 정확하지 않다. 다만 이 책을 쓴 주희가 남송 시대의 학자이므로 이 시대를 유추해 보면 대략 우리 나라의 고려 중말기에 해당하며, 이 시기에 들어오지 않았을까 짐작된다.

우리 나라에서 '소학' 이 청소년 교육의 전범이 된 것은 조선 시대에 들어와서이다. 조선 시대 선비로서 '소학' 을 읽지 않고 자란 사람은 없다고 해도 과언이 아닐 것이다. 조정에서 국비로 이 책을 간행하여 보급했고, 각 가정에서는 베껴쓰기로 전해져 대대로 이어 가며 공부했었다.

1694년인 숙종 20년에 왕명을 받들어 이덕성(李德成)이 지은 '어제소학서(御製小學書)' 가 지금까지도 전해 오고 있다. 이 책의 서문에는 "소학은 어째서 만들었는가. 옛 사람들이 태어나 8세가 되면 반드시 이 글을 받았다. 이것은 중국의 3대, 곧 하나라, 은나라, 주나라 시대에 사람을 가르친 법이다." 라고 씌어 있다.

이 밖에 '소학' 에 관계되는 서적으로는 한글로 주석을 달고 해석한 '소학언해' 가 있고, 중종 때 최숙생이 편찬한 책이 있고, 선조 때 간행한 것과 명종이 친히 번역 간행한 책도 있다. 또 영조의 '어제소학지남(御製小學指南)' 과 정약용이 지은 '소학지언(小學指言)' 도 전해오고 있다.

2000년 3월

임 종 문

11

차 례
• • • • •

제1장
자기 사랑

예가 아니거든 보지 말고, 예가 아니거든
듣지 말고, 예가 아니거든 행동하지 마라

제 1 절
사람으로서 지켜야 할 바른 몸가짐

빈 그릇을 들 때도
물이 가득 찬 그릇을 드는 듯이 하고

23

1
• • • • •
하지 말아야 할 것들

오만한 마음을 가지지 말고
욕심을 제멋대로 놓아 두지 말고
즐거움만을 지나치게 좋아하지 말고
원하는 것을 너무 완벽하게 이루려 하지 말고
재물을 구차하게 얻으려 하지 말고
남과 물건을 나눌 때 많이 가지려 하지 말고
어려운 일에 맞닥뜨렸을 때 피하려 하지 말고
싸움에서 기어코 이기려고만 하지 말고
의심나는 일을 내 멋대로 결정하지 말고
나의 의견을 바르게 말할 뿐 고집하지 마라.

세상의 모든 사물을 두려워하는 마음으로 사랑하고
사랑하면서도 나쁜 점을 파악할 줄 알고
미워하면서도 좋은 점을 파악할 줄 알고
쌓아 놓은 재물을 흩어 나누어 줄 줄 알고
편안함을 누리다가도, 옳은 일을 위해서는 편안함을 버리고 험
난한 것을 택할 줄도 알아야 한다. ● 곡례(曲禮)

24

2
●●●●●
예(禮)가 아니거든

예가 아니거든 보지 말며, 예가 아니거든 듣지 말며, 예가 아니거든 말하지 말며, 예가 아니거든 행동하지 마라.

대문 밖에 나가 사람을 만날 때는 귀한 손님을 대하듯이 행동하고, 관직에 나가 나라 일을 볼 때는 큰 제사를 받들듯이 하고, 내가 하고 싶지 않은 일을 다른 사람에게 시키지 마라.

사람을 사귈 때는 성실하게 대해야 한다.

말이 성실하고 행실이 바르고 공손하면 비록 오랑캐(미개인)의 나라에서라도 신임을 얻을 수 있다.

말이 불성실하고 믿음이 없으며, 행실이 바르지 못하고 공손하지 않으면, 내가 사는 마을에서라도 누가 상대해 주겠는가. ● 공자

● 공자(孔子) : BC 552~479. 유학(儒學)의 창시자. 중국 춘추 시대(春秋時代)의 노(魯)나라 사람이며, 이름은 구(丘)이고 자는 중니(仲尼)이다. 노나라 사구(司寇) 벼슬을 지내다 사직하고 도를 천하에 전하려고 주유했으나 발탁되지 못하고 노나라로 돌아와서 시(詩), 서(書), 예(禮), 악(樂), 역(易), 춘추(春秋) 등의 육경을 산술(刪述)하였다. 제자들이 공자의 언행을 기록한 '논어' 7권도 있다.

25

3
• • • • •
사람이 가져야 할 아홉 가지 생각

볼 때는 밝게 볼 것을 생각하고

들을 때는 바르게 들을 것을 생각하고

말할 때는 진심을 담을 것을 생각하고

얼굴빛은 온화할 것을 생각하고

자세는 공손할 것을 생각하고

일 처리는 조심할 것을 생각하고

의심나면 물어 볼 것을 생각하고

화날 때는 화를 내고 난 후의 부작용을 생각하고

얻는 것이 있을 때는 옳은 것인지를 생각하라. ● 공자

● 공자(孔子) : BC 552~479. 유학(儒學)의 창시자. 중국 춘추 시대(春秋時代)
의 노(魯)나라 사람이며, 이름은 구(丘)이고 자는 중니(仲尼)이다. 노나라 사구(司
寇) 벼슬을 지내다 사직하고 도를 천하에 전하려고 주유했으나 발탁되지 못하고 노나
라로 돌아와서 시(詩), 서(書), 예(禮), 악(樂), 역(易), 춘추(春秋) 등의 육경을
산술(刪述)하였다. 제자들이 공자의 언행을 기록한 '논어' 7권도 있다.

4
• • • • •
멀리 해야 할 세 가지 행동

거만한 행동, 거친 행동은 멀리 하고
신실함이 없어 보이는 얼굴빛은 멀리 하고
천박한 말버릇, 도리에 어긋나는 말투는 멀리 하라. ● 증자

● 증자(曾子) : BC 505~436?. 유학자(儒學者). 증삼(曾參)을 높여 부르는 말. 증삼은 중국 춘추 시대 노(魯)나라 사람으로 공자의 제자이며, 이름은 삼(參)이고, 자는 자여(子輿)이다. 공자의 사상을 전수받아 자사(子思)에게 전수하였으며 공자의 제자 중에서 효가 뛰어났다. '대학'과 '효경'을 지었다고 주자가 말하고 있다.

5
• • • • •
사람이 지켜야 할 행동

귀를 문에 대고 남의 말을 엿듣지 말고, 어른 말씀에 큰 소리로 대꾸하지 말고, 곁눈으로 사람을 흘겨보지 마라.

앉았을 때 두 다리를 뻗지 말고, 서 있을 때 몸을 삐딱하게 하지 말고, 걸어갈 때 거만한 자세를 하지 말고, 몸가짐을 흐트러뜨리지 마라.

머리카락을 풀어 헤쳐 늘어뜨리지 말고, 소매를 걷어 팔뚝을 드러내지 말고, 바짓가랑이를 걷어 종아리를 드러내지 마라.

마루에 오를 때는 기척을 내고, 댓돌에 신발이 두 켤레 있을 때는 말소리가 들리면 들어가고 말소리가 들리지 않으면 남이 듣기를 꺼리는 것이니 들어가지 마라.

방 안에 들어갈 때는 시선을 아래로 하고, 방 안을 이리저리 둘러보지 말고, 문이 열려 있었으면 열어 두고 닫혀 있었으면 닫는데, 뒤에 들어오는 사람이 있으면 다 닫지 말고 살짝 닫는다.

다른 사람의 신발을 밟지 말고, 다른 사람의 자리를 디디지 말고, 두 손으로 옷자락을 모아 잡고 한 쪽 구석에 가 앉되 다른 사람과 나란히 앉을 때는 팔을 옆으로 뻗지 마라.

서 있는 이에게 물건을 건넬 때는 무릎을 꿇지 말고, 앉아 있는 이에게 물건을 건넬 때는 서서 건네지 마라.

마을에 들어가서는 수레나 말을 달리지 말고, 어른을 만나면 반드시 허리를 굽혀 경의를 표한다. ● 곡례

● 곡례(曲禮) : 오경(五經)의 하나인 예기의 편명으로 예기 1,2편의 이름이다. 곡례는 상하 2편으로 이루어졌다. 곡례란 자상스러운 예절을 뜻하며 곡례의 조목은 3천 가지나 된다고 하였다. 곧 소소한 예.

6
● ● ● ● ●
바른 자세란

얼굴빛은 고요하고, 발놀림은 무겁고, 손놀림은 공순하고, 눈길
은 다정하고, 입모습은 가만히 멈추어 있고, 목소리는 고요하고,
고개는 곧고, 기운은 엄숙하고, 서 있는 모습은 덕이 있어 보여야
바른 자세라 할 수 있다. ● 예기

● 예기(禮記) : 오경(五經)의 하나. 주(周)나라 말부터 진(秦)나라 한(漢)나라 시
대의 유자(儒者)가 행해야 할 예절에 관한 것들을 수록한 책. 한나라 무제(武帝) 때
하간(河間)의 헌왕(獻王)이 고서(古書) 131편을 편술하여 뒤에 214편으로 된 대
대례와, 대덕(戴德)이 85편으로 줄이고, 선제(宣帝) 때 그의 조카인 대성(戴聖)이
다시 49편으로 줄인 소대례(小戴禮)가 있다. 이 소대례가 지금의 예기이다.

7
• • • • •
이런 짓은 하지 마라

　다른 사람의 은밀한 데를 엿보지 말고, 버릇없는 행동을 하지 말고, 남의 허물을 말하지 말고, 말로써 상대방을 희롱하지 마라.

　급하게 뛰어오지 말고, 급하게 달려가지 마라.

　신을 모독하지 말고, 잘못된 일에 따르지 말고, 아직 닥치지 않은 일을 미리 판단하지 마라.

　남의 옷을 좋지 않다고 헐뜯어 말하지 말고, 남의 말이 신뢰가 가지 않더라도 핀잔하거나 바로잡으려 하지 마라. ● 소의

● 소의(少儀) : '예기' 제17편의 편명이다. 손님과 주인이 상견(相見)하는 예와 사람들에게 선물을 보낼 때의 마음가짐 등의 자질구레한 예의나 위의가 수록된 것이다. 곡례편이나 내칙편의 내용과 중복된 것도 많다.

8
• • • • •
눈길을 어디다 두어야 하나

눈길이 얼굴에 가 있으면 오만해 보이고, 허리띠 아래로 내려가 있으면 근심이 있어 보이고, 머리를 기울여 곁눈질하면 간사해 보인다. ● 곡례

● 곡례(曲禮) : 오경(五經)의 하나인 예기의 편명으로 예기 1,2편의 이름이다. 곡례는 상하 2편으로 이루어졌다. 곡례란 자상스러운 예절을 뜻하며 곡례의 조목은 3천 가지나 된다고 하였다. 곧 소소한 예.

9
•••••
공자의 말하는 태도

공자께서 고향에 계실 때는 말도 잘 하지 못하는 어눌한 사람 같았다.

그러나 조정에 나가서는 사리를 분별하여 말을 분명하게 하면서도 조심하고 삼가는 모습이었다.

조회 때 아랫사람과 말할 때는 강직한 모습이었고, 윗사람과 말할 때는 온화하고 즐거운 모습으로 대했다.

음식을 먹을 때와 잠자리에 들었을 때는 말하지 않았다. ● 논어

● 논어(論語) : 사서(四書)의 하나. 공자의 언행이나 그의 제자들과의 문답과 제후(諸侯)나 은둔자와의 문답 등과 또는 제자들의 문답 등을 기술한 것이다. 공자의 생전부터 기록하여 공자가 죽은 뒤에 제자들에 의하여 편찬된 저서. 공자의 이상적 도덕인 인(仁)에 대한 것과 정치 교육에 대한 공자의 의견들이 담겨 있다.

10
•••••
이렇게 하라

빈 그릇을 들 때도 물이 가득 찬 그릇을 드는 듯이 하고, 아무도 없는 곳에 들어갈 때라도 사람이 있는 곳에 들어가는 것처럼 해야 한다. ● 소의

● 소의(少儀) : '예기' 제17편의 편명이다. 손님과 주인이 상견(相見)하는 예와 사람들에게 선물을 보낼 때의 마음가짐 등의 자질구레한 예의나 위의가 수록된 것이다. 곡례편이나 내칙편의 내용과 중복된 것도 많다.

11
· · · · ·
음식을 먹을 때는

　다른 사람과 함께 음식을 먹을 때는 배부르게 먹지 말고, 밥을
뭉치지 말고, 밥숟가락을 크게 뜨지 말고, 국물 있는 음식을 후루
룩 들이마시지 말고, 입맛을 쩝쩝 다시지 말고, 뼈를 오독오독 씹
지 말고, 먹던 고기를 그릇에 놓지 말고, 뼈를 개에게 던져 주지
말고, 한 가지 반찬만 먹지 말고, 뜨거운 밥을 먹으려 후후 불지
말고, 이를 쑤시지 말고, 말린 고기를 이로 끊지 말고, 구운 고기
를 한 입에 넣지 말아야 한다. ● 곡례

● 곡례(曲禮) : 오경(五經)의 하나인 예기의 편명으로 예기 1,2편의 이름이다. 곡
례는 상하 2편으로 이루어졌다. 곡례란 자상스러운 예절을 뜻하며 곡례의 조목은 3천
가지나 된다고 하였다. 곧 소소한 예.

35

12
#####
공자가 음식을 먹을 때는

공자는 쉰 밥과 상한 고기는 먹지 않았다. 빛깔이 좋지 않은 음식은 먹지 않았고, 냄새가 나쁜 음식은 먹지 않았고, 잘 익지 않았으면 먹지 않았고, 제철이 아닌 음식은 먹지 않았다.

공자는 반듯하게 썰지 않은 음식은 먹지 않았고, 소스가 음식과 맞지 않으면 먹지 않았다.

공자는 고기가 많이 있어도 밥보다 많이 먹지 않았고, 술은 한량없이 마셨으나 취해 정신을 잃거나 자세가 흐트러지는 일이 없었다.

공자는 생강을 좋아해 자주 먹었으나 많이 먹지는 않았다.

● 논어

● 논어(論語) : 사서(四書)의 하나. 공자의 언행이나 그의 제자들과의 문답과 제후(諸侯)나 은둔자와의 문답 등과 또는 제자들의 문답 등을 기술한 것이다. 공자의 생전부터 기록하여 공자가 죽은 뒤에 제자들에 의하여 편찬된 저서. 공자의 이상적 도덕인 인(仁)에 대한 것과 정치 교육에 대한 공자의 의견들이 담겨 있다.

13
• • • • •
음식을 탐하는 자는

음식을 탐하는 자는 사람들이 천하게 여긴다. • 맹자

● 맹자(孟子) : BC 372～289. 중국 전국 시대의 유학자(儒學者). 이름은 가(軻)
이고, 자는 자여(子輿) 또는 자거(子車)이다. 노(魯)나라 추(鄒)현에서 출생. 공자
의 손자인 자사에게 수학하고 공자(孔子)의 인(仁) 사상을 발전시켜 사단칠정(四端
七情)의 설을 설명하고 '성선설(性善說)'을 주창하였다. 제(齊)나라 양(梁)나라
의 제후들에게 왕도(王道)를 설명하고 인의의 정치를 권장하였다. 유학의 도통을 이
었으며 아성(亞聖)이라고 일컫는다. '맹자' 7권의 저서가 있다.

37

제 2 절
바르게 사는 사람이 되는 길

나를 용서하는 마음으로 남을 용서하라

1
● ● ● ● ●

사람이 가져야 할 네 가지 바탕

담력은 크게 가져야 하고
마음은 세심하게 가져야 하고
지혜는 둥글게 가져야 하고
행실은 바르게 가져야 한다. ● 손사막

● 손사막(孫思邈) : ?∼682. 중국 당(唐)나라 시대의 학자. 제자백가(諸子百家)
의 학설에 능통하였고, 노자와 장자의 도에도 통달하였다. 또 음양이나 의술에도 통
달하였다. '천금방(千金方)'의 저서가 있다.

2
• • • • •
선을 따르는 것은

선을 따르는 것은 낮은 데서 높은 곳으로 오르는 것과 같고
악을 따르는 것은 땅이 꺼지는 것과 같다. ● 고어

● 고어(古語) : 옛날의 속담. 흘러온 이야기. 격언.

3
· · · · ·
양보하며 사는 삶

이 목숨이 다할 때까지 가던 길을 양보해도, 평생 동안 양보한 길은 100걸음을 돌아가야 할 만큼의 길이 채 되지 않고, 농부가 이웃 밭과 경계를 이루는 고랑을 평생 동안 양보해도, 양보한 땅은 한 마지기도 채 되지 않을 것이다. ● 주인궤

● 주인궤(朱仁軌) : 중국 당나라 때 호주(亳州) 사람이며 자는 덕용(德容)이다. 효우(孝友) 선생으로 널리 알려졌다.

4
· · · · ·
어진 사람이 되려고 노력한 사람들

공자가 아끼고 사랑한 제자 안연(顏淵)은 화가 났을 때 다른 사람에게 화풀이를 하지 않았으며, 한 번 저지른 잘못을 두 번 다시 범하지 않았으며, 석 달 동안 인(仁)을 어기는 일을 하지 않았다.

공자가 아끼고 사랑한 제자 자로(子路)는 자기 허물에 대한 다른 사람의 충고를 기꺼이 받아들여 허물을 고쳐 나갔기 때문에 좋은 이름이 오래 세상에 전한다.

요즘 사람들은 자신의 허물을 고쳐 주려는 다른 사람의 충고를 듣기 싫어하고, 허물을 숨기고 잘못을 합리화하려고만 한다. 마치 병을 고쳐 주려는 의사에게 병을 숨기고 도리어 의사를 미워하는 것과 같다.

병이 깊어서 죽음에 이르러도 자기의 잘못을 깨닫지 못하니 참으로 서글픈 일이 아닐 수 없다. ● 주염계

● 주염계(周濂溪) : 1017~1078. 중국 북송(北宋)의 유학자. 호남(湖南) 사람. 자는 무숙(茂叔)이고, 이름은 돈이(敦頤)이며 염계는 그의 호이다. 당(唐)나라 때 경전의 주석에 갈음하여 불교와 도교의 철리를 응용한 유학의 발전을 꾀하여 송학(宋學)의 시조로 일컬어진다. '태극도설' '통서(通書)'의 저서가 있다.

5
• • • • •
마음이 한 곳에 집중되면

옷차림을 흐트러지지 않게 단정히 하고, 말과 행동을 엄정하고 정숙히 하면, 마음을 한 곳에 집중시킬 수 있다. 마음이 한 곳에 집중되면 도리에 어긋나는 어떠한 유혹도 침범할 수 없게 되어 인간 본래의 착한 마음을 해치는 일이 없다. ● 정이천

● 정이천(程伊川) : 1033～1107. 중국 북송의 유학자 정이(程頤)를 말하며, 자는 정숙(正叔)이다. 정호(程顥)의 동생. 낙양(洛陽) 사람이다. 이천백(伊川伯)으로 봉해져 이천 선생이라고 부른다. 처음으로 이기(理氣)의 철학을 제창하였으며, 유학의 도덕에 철학적인 기초를 부여하였다. '역전(易傳)' '어록(語錄)' 등이 있고 시호는 정공(正公)이다.

6
· · · · ·
하나밖에 없는 내 몸

　사람들은 자기의 몸에 필요한 의복, 음식, 집 등에는 관심을 많이 가져서 좋고 훌륭한 것 갖기를 바라면서도, 하나밖에 없는 자기의 몸과 마음이 훌륭해지기를 애쓰지 않는다.

　자기가 바라는 의복, 음식, 집 들을 좋은 것으로 얻었을 때는, 자기의 몸과 마음은 이미 병들어 쓸모없는 것이 되어 있음을 깨닫지 못한다. ● 정이천

7
• • • • •
보고 듣고 말하고 행동하는 법

공자께서 이렇게 말씀하셨다.

"예(禮)가 아니면 보지 말고, 예가 아니면 듣지 말고, 예가 아니면 말하지 말고, 예가 아니면 행동하지 말라."

① 보는 것에 대하여

사람의 마음은 본래 비어 있어서, 사물의 자극에 반응하는 자취가 없다.

이 비어 있음을 간직하는 방법이 있으니, 보는 행위가 마음을 좌우하는 기준이 된다.

욕심이 앞을 가리면 자기의 중심이 되는 마음이 그릇된 방향으로 움직이게 되니, 사물을 보는 기준으로써 마음을 안정시켜야 한다.

욕심을 억누르고 마음을 예에 돌아가게 하여, 밝게 보기를 오래 지속하면 마음이 성실해진다.

② 듣는 것에 대하여

사람이 사람으로서 지켜야 할 도리가 있으니, 천성에 바탕을 둔 것을 말한다. 예가 아닌 소리를 들으면 사물을 판단하는 지적 능

46

력이 어지럽혀져, 올바른 판단력을 잃게 된다.

인품이 훌륭한 사람은 멈출 곳을 알고, 확고한 뜻을 세워 사악함의 침범을 막고, 성실한 도리를 지켜 예절에 맞지 않는 말이나 소리는 듣지 않았다.

③ 말에 대하여

사람의 마음이 감동하면 그 감동이 말로써 밖으로 나타난다. 말할 때 깊이 생각하지 않고 입에서 나오는 대로 함부로 지껄이지 않는다면, 마음을 산란해지지 않게 안정시킬 수 있다.

말이란 일의 중요한 기틀이 된다. 전쟁을 일으키기도 하고, 우의를 맺어 다정하게 지내기도 하고, 좋은 일 좋지 않은 일, 영화로운 일 욕된 일 등이 모두 말 때문에 생긴다.

지나치게 간단하고 쉽게 하는 말은 성실성이 부족한 말이 된다. 또 지나치게 복잡한 말은 일관된 줄거리가 없어 무슨 말을 하는지 알 수 없게 된다.

내가 함부로 말을 하면 상대방도 내 마음에 거슬리는 말을 하게 된다. 내가 도리에 어긋나는 말을 하면 상대방도 도리에 어긋나는 말을 하게 된다.

④ 행동에 대하여

높은 식견을 가지고 있어 도리에 밝은 사람은, 행동을 일으키려는 마음의 움직임를 깨달아, 사사로운 생각이나 욕심이 없는 진실만을 생각하며, 뜻있는 선비는 열심히 행실을 닦아서 도리를 바르게 지켜 행동한다.

세상의 합당한 도리를 지켜 행동하면 마음이 편하지만, 사사로운 이익과 욕심에 이끌려 행동하면 위험하고 불안정한 결과를 가져오게 된다.

아무리 잠깐 동안이라도, 바른 도리를 잊지 말고 조심하여 몸을 지켜야 할 것이다. ● 공자

● 공자(孔子) : BC 552~479. 유학(儒學)의 창시자. 중국 춘추 시대(春秋時代)의 노(魯)나라 사람이며, 이름은 구(丘)이고 자는 중니(仲尼)이다. 노나라 사구(司寇) 벼슬을 지내다 사직하고 도를 천하에 전하려고 주유했으나 발탁되지 못하고 노나라로 돌아와서 시(詩), 서(書), 예(禮), 악(樂), 역(易), 춘추(春秋) 등의 육경을 산술(刪述)하였다. 제자들이 공자의 언행을 기록한 '논어' 7권도 있다.

48

8
•••••
불행한 일 세 가지

사람에게 세 가지 불행한 일이 있다.

젊은 시절에 일찍 과거에 합격하는 것이 그 첫 번째 불행한 일이다. 경험도 없이 중요한 나라 일을 맡아 두려움과 걱정하는 마음이 떠날 날이 없을 것이다.

아비나 친척의 권세에 힘입어 높은 자리에 오르는 것이 그 두 번째 불행한 일이다. 부하들은 존경하지 않고, 동료들은 시기하여 도와 주지 않을 것이니, 일을 하는 데 밤낮으로 노심초사할 것이다.

뛰어난 재주가 있어 문장을 잘하는 것이 그 세 번째 불행한 일이다. 자기 재능만 믿고 제멋대로 행동하다가 사람들에게 따돌림을 당할 것이다. ● 정이천

● 정이천(程伊川) : 1033~1107. 중국 북송의 유학자 정이(程頤)를 말하며, 자는 정숙(正叔)이다. 정호(程顥)의 동생. 낙양(洛陽) 사람이다. 이천백(伊川伯)으로 봉해져 이천 선생이라고 부른다. 처음으로 이기(理氣)의 철학을 제창하였으며, 유학의 도덕에 철학적인 기초를 부여하였다. '역전(易傳)' '어록(語錄)' 등이 있고 시호는 정공(正公)이다.

9
• • • • •
남을 꾸짖는 마음으로

사람이 비록 어리석을지라도 남의 허물을 찾아 꾸짖는 데는 밝
으며, 비록 총명한 사람이라 해도 자기를 용서하는 데는 어둡다.
항상 남을 꾸짖는 마음으로 자신을 꾸짖고, 자신을 용서하는 마음
으로 남을 용서하라. ● 범충선공

● 범충선공(范忠宣公) : 1027∼1101. 범중엄(范仲淹)의 둘째아들이며, 이름은 순
인(純仁), 자는 요부(堯夫)이다. 시호는 충선(忠宣).

50

10
· · · · ·
장사숙의 좌우명

말은 성실해야 하고, **행실**은 믿음직해야 하고, **용모**는 단정해야
하고, 옷차림은 흐트러짐이 없어야 하고, **걸음걸이**는 침착해야 하
고, **집에 있을 때**는 조용히 해야 하고, 음식은 절제하여 알맞게 먹
어야 하고, 글자를 쓸 때는 획을 바르게 써야 하고, 일을 시작할
때는 계획을 잘 세워야 하고, 세상의 보편적인 **도덕**은 따라서 지
켜야 하고, **약속**을 할 때는 깊이 생각해서 하고, **말을 입 밖에 낼**
때는 자신의 행동을 돌아보아야 하고, 선한 것을 보면 내가 한 것
처럼 기뻐하고, 악한 것을 보면 내 몸의 병인 듯 걱정해야 한다.

말, 행실, 용모, 옷차림, 걸음걸이, 휴식, 음식, 글자, 일처리, 도
덕, 약속, 발언, 선, 악, 이 14가지는 내가 아직도 다 익히지 못한
것이다. 이것을 글로 써서 내가 앉아 있는 자리에 두고 아침 저녁
으로 보며 나 자신을 경계하고 조심하려 한다.

● 장사숙(張思叔) : 장역(張繹). 사숙은 그의 자(字). 북송의 하남(河南) 사람이
며, 정이천(程伊川)의 제자.

11
•••••
범익겸의 좌우계

① 남의 글을 몰래 읽어 보아서는 안 된다.

② 남의 사생활을 소문내고 다녀서는 안 된다.

③ 남의 집에 갔을 때, 그 집의 재산 정도와 장부를 보아서는 안
   된다.

④ 남의 물건을 빌렸을 때는 내 물건처럼 소중하게 다루어 망
   가뜨리지 말아야 하며, 약속한 날짜에 틀림없이 돌려주어야
   한다.

⑤ 음식을 먹을 때는 입에 맞는 것만을 골라 먹어서는 안 되며,
   입에 맞지 않는 음식이라 하여 버려서도 안 된다.

⑥ 남과 함께 있을 때는 자기 편한 대로만 행동해서는 안 된다.

⑦ 남의 부귀한 것을 보고 부러워하거나, 질투하여 헐뜯고 욕을
   하면 안 된다.

● 범익겸(范益謙) : 이름은 충(沖). 송(宋)나라 때의 사람.

제 2 장
아이 사랑

나쁜 일은 아무리 조그마한 것이라도 절
대로 하지 말고, 착한 일은 아무리 조그마
한 것이라도 반드시 행하라

제 1 절
무엇을 어떻게 가르칠까

닫혀 있는 마음의 문을 열고
사람 사는 행실을 바르게 하며

1
• • • • •
우리가 공부를 하는 까닭은

글을 읽어 도리를 배우는 것은, 닫혀 있는 마음의 문을 열어, 사물을 관찰하는 눈을 밝게 해서 행실을 바르게 하려는 것이다.

사람의 자식으로 태어나 아직 부모를 봉양할 줄 모르는 자는, 옛 사람들이 부모의 표정을 살펴 부모가 원하는 뜻에 따르고, 목소리를 온화하게 하고 기운을 낮추어 봉양하며, 어떠한 괴로움도 싫어하지 않고 오로지 어버이의 입맛에 맞는 좋은 음식을 만들어 올렸다는 효도를 배워, 이제까지의 불효를 부끄러워하고, 옛 사람들을 따르고자 하는 마음을 갖게 하려는 것이다.

백성으로서 나라를 사랑하고 임금에게 충성하는 도리를 아직 모르는 자는, 옛 사람들이 자기의 직분을 지키고 남의 일에 관여하지 않으며, 나라가 위태로워졌을 때는 목숨을 바쳐 구하고, 임금에게 허물이 있으면 성의를 다해 간하여 잘못을 바로잡아 백성을 편안하게 했다는 충성심을 배워, 이와 같은 행동을 본받고자 하는 마음을 갖게 하려는 것이다.

56

남에게 교만하게 굴고 저 혼자 잘났다고 뽐내는 자는, 옛 사람들이 남을 대할 때 자신을 낮추어 겸손한 태도를 지키고, 예를 모든 가르침의 근본으로 삼고, 공경하는 것을 몸가짐의 기초로 한 행실을 배워, 이제까지의 자기 중심적 삶이 잘못이라는 것을 깨달아, 교만하고 뽐내는 마음을 억누르게 하려는 것이다.

인색하고 욕심이 많아서 자기 몫만 챙길 줄 아는 자는, 옛 사람들이 사사로운 욕망을 억누르고, 사치스러운 것을 경멸하여 검소하게 살았으며, 가난한 이웃 사람들에게 즐겨 재물을 나누어 준 베풂의 행복을 배움으로써, 혼자만 배 두드리며 살려 했던 것을 부끄러워하고, 모아 쌓은 재물을 가난한 사람들에게 나누어 줄 줄 아는 마음을 갖게 하려는 것이다.

행동이 거칠고 사나운 자는, 옛 사람들이 억센 기질을 고쳐 부드럽게 하며, 남의 허물을 감추어 덮어 주고, 어진 이를 높이고, 모든 사람을 포용해 화합하는 것을 배워, 마치 입은 옷도 무거워 이기지 못할 것처럼 자신을 부드럽게 하고, 사람들을 대할 때 삼가

57

조심하게 하려는 것이다.

겁 많고 나약한 자는, 옛 사람들이 삶의 진리를 깨달아 천명에
자기를 맡기며, 굳세고 바른 뜻을 세워 오로지 믿음을 가지고 밀
고 나가며, 행복을 구하려는 것이 올바르지 않은 길로 흐르지 않
도록 하는 의연함을 배워, 어떠한 일도 두려워하지 않고 당당히
해 나가게 하려는 것이다.

이런 것 외의 모든 행실도 다 이같이 할 것이다. 옛 사람들이 행
한 그대로는 되지 않는다 하더라도, 자신의 큰 결점을 없애 나간
다면, 배운 것들을 실행하여 이루지 못할 일이 없을 것이다.

세상 사람들은 책을 읽고 입으로만 말할 뿐 실제로 행동에 옮기
지를 못한다. 학식이 없는 고리백정이나 장바닥 사람들이 그런 사
람을 비웃고 헐뜯는 것은 모두 이 때문이다.

또 많은 책을 읽었다고 잘난 체하며 고자세가 되어, 윗사람을 무
시하고 같은 또래의 친구들을 바보 취급 하는 자가 많이 있다.

사람들은 그런 사람 싫어하기를 마치 뱀 보듯 한다. 공부 좀 많

이 했다고 뽐내고 잘난 척 한다면, 학문으로써 이익을 구하려 하
던 것이 도리어 자기 자신에게 손해를 가져오게 된다. 이런 사람
은 차라리 학문을 하지 않는 편이 나을 것이다. ● 안씨가훈

● 안씨가훈(顏氏家訓) : 7권 20편(七卷二十篇)으로 되어 있다. 안지추(顏之推 :
531~602?)가 지은 것이다. 자손에게 주는 훈계의 책. 안지추의 자는 개(介). 산동
(山東) 사람. 시대의 유행에 휩쓸리지 않고 유불(儒佛)의 조화를 말하여 현실적이
고 진실한 인생관을 주장하였다. 저서로는 '안씨가훈(顏氏家訓)' 외에 '문집(文
集)' '환원지(還冤志)'가 있다.

2
●●●●●
여자가 아이를 가지면

여자가 아이를 가지면,

잠잘 때 옆으로 눕거나 몸을 구부리지 말고, 반듯하게 누워야
하고

앉을 때 한쪽으로 기울지 않게 바르게 앉아야 하고

설 때 한쪽 발에만 의지하여 기우뚱하게 서지 말고, 똑바로 서
야 하고

맛이 변한 음식을 먹지 말고

반듯반듯하게 썬 음식이 아니면 먹지 말고

앉을 자리가 고르지 않으면 앉지 말고

흉한 것이나 놀라운 것은 보지 말고

음란한 소리는 듣지 말고

거친 말은 하지 않아야 한다.

밤에는 목소리 고운 사람에게 시를 읊게 하거나

착하게 살다 간 옛 사람의 이야기를 들어야 한다.

이렇게 하면 잘생기고 재주 많은 아이를 낳게 된다. ● 열녀전

● 열녀전(列女傳) : 전한(前漢)의 유학자 유향(劉向)이 펴낸 책으로 여러 유형의
열녀(烈女)들과 악녀(惡女)들의 행적을 기록한 저서이다.

60

3

무엇을 가르칠 것인가

아이가 태어나면 너그럽고 인자하며, 온화하고 신중하며, 말수가 적은 사람을 구해 아이의 스승으로 삼는다.

아이가 밥숟갈을 쥘 때는 오른손으로 쥐게 하고, 말을 하게 되거든 사내아이는 빨리 대답하게 하고, 계집아이는 천천히 대답하게 한다.

여섯 살이 되면 숫자와 방위를 가르친다.

일곱 살이 되면 사내아이와 계집아이가 자리를 같이하지 않게 하며, 음식을 함께 먹지 않게 한다.

여덟 살이 되면 드나들 때, 모임에 나아갈 때, 음식을 먹을 때, 어른보다 나중에 하도록 해서 겸양의 도리를 가르친다.

아홉 살이 되면 날짜 헤아리기를 가르친다.

열 살이 되면 글쓰기와 셈을 가르치고, 어린이가 해야 할 예절을 부지런히 배우도록 한다.

여자 아이는 밖에 나다니지 않게 하고, 유순한 말씨와 태도를 배우게 한다.

열세 살이 되면 음악을 배우고, 시를 외우게 한다.

열다섯 살이 되면 활쏘기와 말타기를 배우게 한다. ● 내칙

61

4
• • • • •
가르침의 기본

어릴 때의 가르침이 그 사람의 일생에 커다란 영향을 미치므로,
어린이에게는 거짓말을 하지 않아야 하고, 설 때는 방향을 바르게
하여 몸가짐을 단정히 해야 하고, 남의 말을 들을 때 머리를 기울
이지 않도록 해야 한다. ● 내칙

● 내칙(內則) : '예기(禮記)' 제12편의 편명이며, 가정에서 지켜야 할 규칙들이 다
루어져 있다.

● 제자직(弟子職) : '관자(管子)' 의 편명.

5
● ● ● ● ●
배우는 자가 지켜야 할 도리

스승이 가르치면 제자는 이를 본받아 공손한 태도로 겸허하게 받아들여 극진한 마음으로 배워야 한다.

남이 선한 일을 하면 따라서 하고, 의로운 일을 하면 따라 실천해서 나의 인격을 닦는 데 게을리하지 않아야 한다.

부모에게 효도하고 어른을 공경하여 항상 공손한 태도로 대하며, 교만한 생각을 하는 일이 없어야 한다.

마음가짐은 거짓됨이 없이 성실해야 하며, 행실은 바르고 곧아야 한다. 노는 곳이 떳떳하며 일정해야 하고 덕이 있는 사람들과 사귀어야 한다.

얼굴빛을 온화하게 하면 속마음도 경건해져서 남을 공경하게 된다.

아침 일찍 일어나서부터 밤에 잠자리에 들 때까지 단정한 옷차림, 바른 몸가짐을 가져야 한다.

아침에 배우고 저녁에 익히며, 늘 조심하는 마음으로 배움에 힘써야 한다.

이러한 자세를 한결같이 유지하는 것을 '배우는 자가 지켜야 할 도리'라고 한다. ● 제자직

6
• • • • •
배우는 자의 자세

배우는 사람은 집에 들어가서는 부모에게 효도하고, 밖에 나와서는 어른에게 공손해야 한다.

모든 사람을 사랑하되 특히 어진 사람과 친하게 지내야 한다.

글공부를 열심히 해서 세상의 이치를 깨우치고, 시를 외워 선한 마음을 닦으며, 예절로써 절도 있고 질서 있게 나를 수련하여 흔들리지 않는 뜻을 세우고, 음악으로써 정서를 순화시켜 도덕적으로 성숙한 인격을 갖추어야 한다. ● 공자

● 공자(孔子) : BC 552~479. 유학(儒學)의 창시자. 중국 춘추 시대(春秋時代)의 노(魯)나라 사람이며, 이름은 구(丘)이고 자는 중니(仲尼)이다. 노나라 사구(司寇) 벼슬을 지내다 사직하고 도를 천하에 전하려고 주유했으나 발탁되지 못하고 노나라로 돌아와서 시(詩), 서(書), 예(禮), 악(樂), 역(易), 춘추(春秋) 등의 육경을 산술(刪述)하였다. 제자들이 공자의 언행을 기록한 '논어' 7권도 있다.

7
. . . . .
세 번 이사 간 맹자의 어머니

맹자가 어렸을 때 공동 묘지 근처에서 살았다.

맹자의 어머니가 보니, 맹자가 무덤 쓰는 흉내를 내 시체를 묻고 무덤 쌓는 놀이를 하면서 노는 것이었다.

맹자의 어머니는 '여기는 살 곳이 못 된다' 생각하고 시장 근처로 이사를 갔다.

맹자는 장사꾼 흉내를 내어 흥정하고 물건 파는 놀이를 하며 놀았다.

맹자의 어머니는 '여기도 살 곳이 못 된다' 생각하고는 학교 근처로 이사를 갔다.

맹자는 제기(祭器)를 벌려 놓고 예절을 다하여 읍하며, 사양하며, 나아가고 물러나는 놀이를 하고 놀았다.

맹자의 어머니는 '이 곳은 살 만한 곳이다' 생각하고는 그 곳에서 살았다.

하루는 맹자가 어머니에게 "어머니, 동네 어떤 집에서 돼지를 잡던데 무엇을 하려는 것입니까?" 하고 물었다.

어머니가 "너에게 먹이려고 하는 것이다." 하고 농담을 했다.

그러나 어머니는 '아이에게 거짓말을 하는 것은 불신을 가르치는 것이다.' 라고 곧바로 뉘우치고는 돼지고기를 사다 맹자에게 먹였다. ● 열녀전

● 열녀전(列女傳) : 전한(前漢)의 유학자 유향(劉向)이 펴낸 책으로 여러 유형의 열녀(烈女)들과 악녀(惡女)들의 행적을 기록한 저서이다.

8
· · · · ·
가르침이 중요한 까닭

어린아이를 가르칠 때는 무엇보다도 안정되고 침착하고 예의바르고 조심성 있는 마음을 갖도록 하는 것이 중요하다.

오늘날 학문에 대한 올바른 가르침이 없으므로, 남녀 모두가 어릴 때부터 교만하고 뽐내며 게을러 사람다운 품성이 가다듬어지지 않았다. 자라면서 더욱더 사람으로서 걸어가야 할 올바른 길을 잃고 마음이 비뚤어지게 된다.

아이가 자라는 동안에 웃어른을 섬기는 올바른 예의범절을 배우지 못했기 때문에 부모와 맞서려 하고, 자기 주장만을 고집하며, 자기를 낮추려 하지 않는다. 이와 같은 그릇된 정신의 뿌리는 어릴 때 싹터, 자라면서 환경의 지배를 받아 더욱 심해져 평생 동안 고치지 못하게 된다.

당연히 해야 하는 청소라든지 손님을 접대하는 일 따위를 힘든 일로 알고 하기 싫어한다.
친구와 사귈 때도 자신을 낮추려 하지 않으므로 인격을 연마할

67

수 없게 된다.

윗사람을 섬기는 데에 자신을 낮추려 하지 않으므로 윗사람의 지시에 따르지 못하고, 높은 자리에 올랐을 때 어진 사람들의 충고를 귀담아들으려 하지 않고 자기 생각대로 행동하여 의리를 모르는 사람이 되고 만다. ● 장횡거

● 장횡거(張橫渠) : 장재(張載 : 1010~1071). 자(字)는 자후(子厚). 북송(北宋)의 학자. 섬서(陝西) 사람. 어린 시절 아버지를 따라갔다가 부친이 부임지에서 사망하자 그대로 봉상부미현횡거진(鳳翔府郿縣橫渠鎭)의 사람이 되었다. 가우(嘉祐)년에 임관하여 숭정원교서(崇政院校書), 지태상예원(知太常禮院)이 되었다. 그의 학설은 유불노(儒佛老)의 세 사상을 융합하고 우주를 일원적으로 해석하여 정이(程頤), 주희(朱熹) 등의 학설에 영향을 미쳤다. 저서로는 '동서명(東西銘)' '정몽(正蒙)' '이굴(理窟)' '역설(易說)' 등이 있다.

68

9
• • • • •
무엇을 먼저 가르칠 것인가

어린아이에게는 맨 처음 듣고 받아들여 마음에 새겨지는 말이 가장 중요하다.

그러므로 부모를 잘 섬기고, 형과 어른을 잘 따르며, 마음을 진실하게 하며, 예의바르고 청렴하며 부끄러워할 줄 아는 행위 등을 먼저 가르쳐야 한다.

옛날에 황향(黃香)이라는 사람이, 무더운 여름에는 부모님의 베갯머리에 앉아서 부채질하여 더위를 쫓고, 추운 겨울에는 어버이의 이부자리를 자신의 몸으로 따뜻하게 녹였다는 이야기—

육적(陸積)이라는 사람이 여섯 살 때 원술의 집을 방문하여 귀한 귤을 대접받았는데, 육적은 어머니 생각이 나서 귤 세 개를 품에 숨겼다가, 집에 돌아가려 원술에게 작별 인사를 하느라 허리를 굽히는 바람에 품에 숨긴 귤이 떨어져서, 당황한 육적이 "귀한 것이라 어머니께 드리려고 한 것입니다." 하니, 원술이 어린 육적의 효심에 감탄하여 "참, 기특한 아이다."라고 했다는 이야기—

초나라 재상 손숙오(孫叔敖)가 어렸을 때 놀러 나갔다가, 머리가 둘 달린 뱀을 보고는 죽여서 땅에 묻고, 집에 돌아와 어머니를 보고 말없이 눈물만 흘리는데, 어머니가 우는 까닭을 물으니 "옛말에 머리 둘 달린 뱀을 보면 죽는다고 했는데 조금 전에 제가 그것을 보았습니다. 저는 죽어 어머니 곁을 떠날 것이니 그것이 슬퍼 우는 것입니다."

"그 뱀이 어디 있느냐."

"다른 사람이 또 볼까 두려워 죽여서 파묻었습니다."

"너는 죽지 않을 것이다. 남을 위하여 덕을 베푼 것이니 하늘이 너에게 복을 내릴 것이다." 하고 어머니가 말했다는 이야기—

공자의 제자 자로(子路)가 몹시 가난하여 명아주잎과 콩잎으로 끼니를 이었으나, 백릿길을 멀다 않고 쌀을 등에 지고 와 부모님께 쌀밥을 지어 드렸는데, 훗날 부귀한 신분이 되었을 때는 부모님이 돌아가시고 안 계셨으므로, 자로가 "이제 부귀한 신분이 되었으나 부모님은 돌아가시고 이 세상에 안 계셔 나는 다시 부모님을 위해 쌀짐을 져 오고 싶어도 그 일을 할 수가 없으니 참으로

70

슬픈 일이다." 하고 탄식하였다는 이야기—

　이런 이야기를 어린아이에게 들려 준다면 무엇이 사람의 도리
인가를 깨닫게 될 것이고, 이것이 오래 마음에 젖으면 덕성이 저
절로 우러나오게 될 것이다. ● 양문공

　● 양문공(楊文公) : 794~1020. 송나라 시인. 양억(楊億). 자는 대년(大年). 산서
포성(山西蒲城) 사람. 송(宋)나라 진종(眞宗) 때의 한림학사(翰林學士). '문
(文)'은 시호(諡號)이다.

71

10
• • • • •
자식이 공부를 게을리하거든

　자식이 자신의 재주를 믿고 공부를 게을리하거든, 고전을 소리 내어 읽게 하고, 자식이 좋아하는 취미나 놀이는 못하게 말려야 한다. 이런 것들은 공부에 대한 의욕을 떨어뜨리기 때문이다.

　글씨쓰기나 편지쓰기 같은 공부는 하기는 쉽지만, 너무 거기에 빠지면 큰 공부를 하는 데 지장을 받아 학문에 대한 의욕을 잃게 된다. ● 정명도

● 정명도(程明道) : (1032～1085). 북송(北宋)의 유학자. 이름은 호(顥). 자는 백순(伯淳). 하남 낙양(河南洛陽) 사람으로 명도 선생(明道先生)이라고 부른다. 처음에는 아우인 이천(伊川)과 함께 송학(宋學)의 시조 주무숙(周茂叔)에게 배웠고, 나중에는 불로(佛老)에 출입하여 유학의 본의를 스스로 얻었다고 전해진다. 저서는 문인의 지침이 되는 '이정전서(二程全書)'가 있다.

11
• • • • •
먼저 높은 뜻을 세워라

학문을 배우고자 하는 어린이에게는 인품의 높고 낮음을 분별할 줄 아는 능력을 먼저 키워 주어야 한다.

어린이는 선과 악을 분별하지 못하고, 어른의 언행을 보고 듣는 그대로 따라 하기 때문에, 어떤 일이 어진 사람이 하는 일이며, 또 어떤 일이 어리석은 사람이 하는 일인지를 분별하여, 선을 따르고 악을 버리는 능력을 먼저 길러 주어야 한다.

말씨가 부드럽고 기운이 화평하며, 남에게 성냄을 보이지 않고, 잘못을 깨닫고 뉘우치면 다시는 그 잘못을 저지르지 않도록 훌륭한 사람의 행실을 가르쳐야 한다.

만약 뜻을 높이 세우지 않으면, 장바닥 사람들과 다를 바 없을 것이다.
말에 진실함이 없고 믿음이 가지 않는 사람, 행실이 독실하지 못하고 남을 존중할 줄 모르는 사람, 잘못을 저지르고도 뉘우치지 못하는 사람, 뉘우치고도 고칠 줄 모르는 사람은 장바닥에 넘쳐나는 사람들이다. 스승님이나 어른 들이 어찌 그런 사람과 말하기를 즐거워하겠는가.

그런 사람들의 말을 듣고, 그런 사람들과 함께 행동한다면, 사방이 모두 벽으로 막힌 방 안에 앉아 있는 것과 같으니, 그 벽을 허물어 밝은 빛을 들이고자 하나 그렇게 할 수 없을 것이다.

●진충숙공

● 진충숙공(陳忠肅公) : 진관(陳瓘 : 1062~1126). 자는 영중(瑩中). 호는 요옹 (了翁). 충숙(忠肅)은 시호. 복건(福建) 사람으로 신종(神宗) 때 간관(諫官)이 되어 왕안석(王安石)의 신법에 반대하였다.

● 여사인(呂舍人) : 1084~1138. 여본중(呂本中). 자는 거인(居仁). 호는 자미 (紫微). 북송(北宋)의 학자. 저서로 '동몽훈(童蒙訓)'이 있다.

74

12
· · · · ·
날마다 앞서 배운 것을 읽고 외워야 한다

학생들은 공부를 할 때 먼저 학문을 배우는 까닭이 무엇인지 알아야 한다. 그리하여 한 번 가고, 한 번 머무르고, 한 번 말하고, 한번 침묵하는 것을 반드시 도리에 맞게 해야 한다.

공부를 할 때는 과정을 엄밀하게 정해 놓고 하루라도 거르거나 게으름을 피워서는 안 된다. 날마다 정해진 대로 공부를 해야 하며, 정성을 다해 정독하여 익혀야 한다.

조용한 방에 단정하고 바르게 앉아, 먼저 앞서 배운 사흘이나 닷새 동안의 것을 50번 정도 처음부터 끝까지 읽고 외워서, 한 글자 한 구절이라도 모두 분명히 이해할 때까지 익힌 다음 진도를 나아가야 한다. 한 글자라도 모르고 그냥 넘어가서는 안 된다.

역사책은 날마다 한 권 또는 반 권 이상을 읽어야 비로소 공들인 보람을 얻을 것이다. 의심이 나거나 어려운 곳이 있으면 곧바로 선생에게 물어 보아야 한다.

가르쳐서 바른 길로 이끄는 것은 스승이 할 일이고, 행실이 바르지 못한 사람이 있을 때 조용히 바로잡아 충고하는 것은 벗이 할 일이고, 뜻을 결정하여 나아가는 것은 자기 자신이 해야 할 일이다. ● 여사인

13
•••••
가르치는 순서와 단계

사람을 가르치는 데는 순서와 단계를 준비하여 정해야 한다.

처음에는 작은 일과 몸 가까이에 있는 것을 가르치고, 이것을
이해한 다음에는 큰 일과 멀고 깊은 것을 가르치도록 한다. 이것
은 작고 가까운 것만을 가르치고 뒤에 크고 먼 것을 가르치지 않
는 다는 말은 결코 아니다. • 정명도

● 정명도(程明道) : (1032～1085). 북송(北宋)의 유학자. 이름은 호(顥). 자는 백
순(伯淳). 하남 낙양(河南洛陽) 사람으로 명도 선생(明道先生)이라고 부른다. 처
음에는 아우인 이천(伊川)과 함께 송학(宋學)의 시조 주무숙(周茂叔)에게 배웠고,
나중에는 불로(佛老)에 출입하여 유학의 본의를 스스로 얻었다고 전해진다. 저서는
문인의 지침이 되는 '이정전서(二程全書)'가 있다.

14
●●●●●
날마다 조금씩

　오늘 한 가지 일을 기억하고 내일 한 가지 일을 기억하여 오래 계속하면 저절로 도리에 통달하게 되고, 오늘 한 가지 사리의 옳고 그름을 분별하고 내일 한 가지 사리의 옳고 그름을 분별하여 오래 계속하면 저절로 도리가 마음에 깊이 스며들게 된다.

　오늘 한 가지 어려운 일을 행하고 내일 한 가지 어려운 일을 행하여 오래 계속하면 자연히 어떠한 어려운 일이라도 견뎌 낼 수 있도록 마음이 굳세진다. 모든 의심나고 어려운 문제들이 봄에 얼음이 녹아 풀어지듯 풀리고 편안한 마음으로 도리를 따르는 것은 오랜 시간 공부를 하여 쌓아 얻어지는 것이지 우연히 되는 것은 아니다.

　재주와 품성이 남보다 뛰어난 이를 두려워할 것 없다. 오직 글을 읽을 때에 그 내용을 깊이 살펴 생각하고 근본이 되는 이치를 연구하는 사람이 두려운 사람이다. ● 동몽훈

● 동몽훈(童蒙訓) : 3권(三卷)으로 되어 있다. 여본중(呂本中 : 1084～1138)의 저서. 여본중의 자는 거인(居仁). 북송(北宋)의 학자이며, 시인. 유안세(劉安世)의 학통을 이어 동래 선생(東萊先生)이라 불렸다.

제 2 절
이런 사람이 되라

바른 일을 알고 실천하는 사람이
으뜸가는 사람이니

79

1
· · · · ·
남의 허물을 들추어 헐뜯지 마라

후한(後漢) 시대의 무장인 마원(馬援)의 조카 마엄과 마돈은
남의 허물을 들추어 헐뜯기 좋아하고, 행실이 가볍고 마음이 너그
럽지 못한 사람들과 어울렸다.

마원이 편지를 써서 두 조카를 나무라고 훈계했다.

자식이 어버이의 이름을 귀로 들을 수는 있어도 입으로 말하지
못하는 것과 같이, 남의 허물은 듣더라도 옮기지 말아야 한다.

사람의 허물을 들추어 말하기 좋아하고, 나라의 형편과 나라의
법이 옳으니 그르니 하고 비판하는 것을 나는 좋아하지 않는다.
차라리 내가 죽을지언정 나의 자손들에게 이러한 행실이 있다는
소리를 듣지 않기를 바라는 마음 간절하다.

내가 아는 사람 중에 용백고(龍伯高)라는 이가 있는데, 성품이
진실하고 인정이 두터우며 매사에 신중한 사람이다.

그는 언제나 바른 말을 하기 때문에 그의 말에는 흠잡을 데가
없고, 몸가짐이 단정하고 겸손하며, 마음이 맑고 욕심이 없으며,
일 처리는 공정하고 위엄이 있다.

나는 용백고를 사랑하고 소중히 여기고 있다. 너희들이 그를 본

받기 바란다. '백조를 그리려다 집오리를 그린다'는 말처럼 그를 본받으면 얻는 것이 없더라도 조심성 깊은 선비가 될 것이다.

또 내가 아는 사람 중에 두계량(杜季良)이라는 이가 있는데, 의협심이 강해 힘센 자는 누르고 약한 자 도와 주기를 좋아한다.

남의 근심을 내 근심인 듯 함께 걱정하며, 남의 즐거움을 내 즐거움인 듯 함께 즐긴다. 좋은 사람에게나 나쁜 사람에게나 모두 잘 대해 주므로, 그가 부친상을 당했을 때는 많은 사람이 조문을 와서 장례를 성대히 치렀다.

나는 두계량을 사랑하고 중하게 여기지만, 너희들이 그를 본받기를 바라지는 않는다.

두계량을 본받아 따르다 얻는 것이 없으면 조심성 없는 경솔한 사람이 되고 말 것이다. 약한 사람 도와 준답시고 남과 다투다 자칫 송사에라도 휩쓸리면 어찌하겠느냐. '범을 그리려다 개를 그린다'는 말이 바로 그런 경우에 맞는 말이다. ● 마원

● 마원(馬援) : BC 11～AD 40. 중국 후한 시대의 장수. 무릉(武陵) 사람. 남방에 있는 베트남의 반란을 정복하고 흉노를 토벌한 공로로 복파 장군이 되었다.

2
· · · · ·
아무리 조그마한 일이라도

나쁜 일은 아무리 조그마한 것이라도 절대로 하지 말고, 착한
일은 아무리 조그마한 것이라도 반드시 실천하라. ● 유비

● 유비(劉備) : 한소열(漢昭烈 : 162～223). 자는 현덕(玄德). 소열(昭烈)은 시
호. 촉한(蜀漢)의 왕. 제갈공명(諸葛孔明)과 함께 촉한을 세웠다. 유비(劉備)가 죽
음을 앞두고 뒤를 이을 아들에게 남긴 유언.

● 제갈공명(諸葛孔明) : 181～234. 이름은 량(亮). 자는 공명(孔明). 산동낭사군
양도(山東琅邪郡陽都) 사람. 형주융중(荊州隆中)에 있을 때 위(魏)의 조조(曹操)
에게 쫓겨 다니던 유비(劉備)가 삼고초려 끝에 신하로 삼았다. 오(吳)와 연합하여
조조의 군사를 적벽에서 무찔렀다. 유비와 환난을 같이하며 촉한을 경영, 승상이 되
었다. 유비의 임종시에 그의 머리맡에 있어 뒷일을 맡게 되었다. 225년에 무향후(武
鄕侯)로 봉함을 받고 234년에 사마의(司馬懿)의 위군(魏軍)과 오장원(五丈原)에
서 대진중 병으로 죽었다. 충무(忠武)는 시호. 제갈공명이 아들을 훈계한 글.

3
· · · · ·
배움에도 때가 있다

훌륭한 사람이 되려면 마음을 안정시켜 인격을 닦고, 검소한 몸가짐으로 덕을 키우고, 욕심 없는 맑은 마음을 지녀야 뜻을 널리 밝힐 수 있고, 크고 높은 뜻을 이룰 수 있다.

재주가 있으되 배우지 않으면 그 재주를 크게 발전시킬 수 없다. 게으르면 이치를 깊이 연구할 수 없고, 성미가 조급하고 마음이 불안하면 이성을 잃게 된다.

세월은 흐르는 물처럼 빠르게 지나간다. 학문을 배워 인격을 닦고 교양을 쌓아 크고 높은 뜻을 펼치고자 하나 그 뜻 역시 세월과 더불어 사라지고 만다.

식물도 적당한 시기에 거름을 주고, 때맞추어 가꾸어야 잘 자라서 제값을 지니게 되는 것이다.

배워야 할 때 게으름을 피우며 배우지 않다가 기회를 다 놓치고, 나이 들어 다 쓰러져 가는 움막집에 웅크리고 앉아 땅을 치고 통곡하며 뉘우친들 무슨 소용이 있겠는가. ● 제갈공명

4
• • • • •
패가망신하는 다섯 가지 원인

아무리 번성한 명문대가라도, 스스로 재앙을 불러들여 조상을 욕되게 하고 명예를 더럽혀 패가망신하는 경우가 많은데, 그 까닭을 살펴보면 다음 다섯 가지로 나눠 볼 수 있다. 가슴에 깊이 새겨 두라.

첫째, 편하고 사치스런 생활에 빠져 헤어날 줄 모르고 욕심이 지나쳐 수단과 방법을 가리지 않고 이익을 탐하며, 이런 행동에 대한 비난 따위는 아랑곳하지 않는다.

둘째, 공부를 게을리하고, 골치 아프다는 핑계로 고전을 읽지 않아 지식이 얕은데도 부끄러워할 줄 모르고, 그러면서도 세상 일을 잘 아는 체 함부로 지껄이며, 입을 크게 벌리고 큰 소리로 웃으며, 학식이 높은 사람을 깎아내리고 미워한다.

셋째, 자기보다 나은 사람을 싫어하고, 남의 잘못을 들으면 널리 퍼뜨리고, 비뚤어진 일에 재미를 붙이면서, 덕행을 닦아서 의리를 지키는 일을 싫어한다.

84

넷째, 술 마시고 춤추며 노는 음주가무를 고상한 취미로 알고, 부지런히 정성들여 일하는 근면 성실은 가난뱅이들이나 속물들이 하는 짓이라고 생각한다. 이러한 행실이 몸에 배면 생활이 거칠어지고, 아차 싶어 정신을 차렸을 때는 이미 때가 늦어 고칠 수 없게 된다.

다섯째, 높은 자리에 빨리 오르려고 안달하고, 권세 있는 사람을 몰래 찾아다니면서 아부하여 그 덕분에 승진한다. 이런 경우 많은 사람들의 시기와 노여움을 사서 그 자리를 오래 지키지 못할 뿐만 아니라, 뒤를 보아 주던 세력가가 몰락하면 함께 몰락하고 만다.

나는 이제까지 명문대가의 흥망성쇠를 많이 보아 왔다. 그 명문들은 하나같이 조상의 충효와 근검으로 쌓아올린 것이지만, 자손의 경솔하고 사치하고 오만함에 의해서 허물어지고 말았다.
쌓아올리기란 하늘을 향해 오르는 것만큼이나 어려운 일이나, 무너뜨려 망하기란 타오르는 불꽃 속에 깃털을 던져 태워 버리는 것만큼이나 쉬운 일이다.

　이런 이야기를 하고 나니 가슴이 아프다. 너희들은 내 말을 뼛속 깊이 새겨 잊지 않도록 해야 할 것이다. ● 유변

● 유변(柳玭) : 유는 성(姓). 변은 이름. 자는 직청(直淸). 경조(京兆) 화원(華原) 사람으로 당(唐)나라를 섬겨 어사대부(御使大夫)가 되었다. 친족 중에 많은 명사가 있었으며 예법과 학문으로 알려진 명문이다. 저서로는 '유씨가훈(柳氏家訓)'이 있다. 유변이 자식을 훈계하여 가르치기 위해 쓴 글.

5
● ● ● ● ●
말과 몸가짐이 바르지 못하고 가벼운 사람은

송(宋)나라 때 사람 범질(范質)이 재상의 자리에 오르자, 조카가 좀더 높고 좋은 자리로 올려 주기를 바랐다.

범질은 글을 써서 조카를 꾸짖었다.

첫째, 네가 출세를 위해 배우고자 할 때는 먼저 어버이에게 효도하고 웃어른을 공경할 줄 아는 예의 범절을 배워 어버이와 웃어른을 공손히 받들어 모실 줄 알아야 하며, 웃어른에게 방자하게 대하거나 불손한 태도를 보여서는 안 된다.

둘째, 너는 관직에 나아가고자 하는 것보다 사람으로서 마땅히 해야 할 도리와 타고난 재주를 열심히 닦아야 한다.

논어(論語)에 '배우고 여력이 있으면 벼슬을 한다'고 씌어 있다. 남이 인정하든 안 하든 그런 것에 신경 쓰지 말고 자신이 최선을 다하지 못해 뜻을 이루지 못하였음을 걱정하여, 자신이 세운 뜻을 이루도록 최선을 다해야 할 것이다.

셋째, 너는 어떠한 일이 부끄러운 일이며 욕된 일인가를 가려서 행해야 할 것이다.

겸손한 자세로 예의 범절을 지키면 부끄러움과 욕된 일은 마음에서 사라지는 것이다.

자신을 낮추어 남을 존경할 줄 알아야 하며, 남에게 양보할 줄 아는 겸양의 덕을 쌓아야 한다.

시경(詩經)에 "저 쥐를 보아도 가죽이 있거늘 사람으로서 체모가 없네. 사람으로서 체모가 없으면 차라리 죽기나 하지 무엇하는가? 저 쥐를 보아도 이가 있거늘 사람으로서 버릇이 없네. 사람으로서 버릇이 없으면 차라리 죽기나 하지 무엇하는가? 저 쥐를 보아도 몸체가 있거늘 사람으로서 예의가 없네. 사람으로서 예의가 없으면 어찌하여 일찍 죽지 않는가?"라고 노래한 '상서(相鼠)'의 시와, 모두가 활동하는 낮에는 숨어 살다가 남들이 편히 쉬는 밤에만 나타나 남을 해치고 괴롭히는 올빼미를 노래한 '모치(茅鴟 : 지금의 시경에는 빠진 시)'라는 시가 있다.

예의 범절에서 벗어난 간사하고 악독하며 교양 없는 사람들의 행실을 비난한 작품으로, 이 시를 쓴 사람들의 뜻을 잘 새겨 보아야 한다.

넷째, 너는 말과 행실을 조심하여 위아래를 분명히 분별하고, 때와 장소를 가려 조심성 있게 행동해야 한다.

말과 몸가짐이 바르지 못하고 가벼운 사람은 남들이 우러러 받드는 훌륭한 인물이 될 수 없다.

다섯째, 너는 술을 삼가야 한다.

술은 사람을 미치게 하는 마약일 뿐 아름다운 맛이 아니다. 사람이 술을 마시고 취하면 침착하고 조심성 있는 어진 품성을 잃게 되고, 자신도 모르게 포악해지고 방탕해진다.

술 때문에 재산을 탕진하고 가세가 기울어, 끝내 패가망신하는 사람을 예나 지금이나 똑똑히 보아 왔다.

여섯째, 너는 말을 조심해야 한다.

사람들은 말 많은 것을 싫어한다. 필요 이상의 말을 해서는 안 되며 또 묻지 않는 말은 하지 말아야 한다. 말을 할 때는 깊이 생각하여 조심스럽게 해야 한다. 한 마디의 말이 큰 화를 부르는 씨앗이 된다.

　남을 칭찬하는 말은 하기 어려우나 남을 헐뜯는 말은 하기 쉬운 법이다. 사람들이 서로 헐뜯고 다투면 결국 그 말은 나에게 되돌아와 화가 될 뿐이다.

● 범질(范質) : 범로공질(范魯公質). 자는 문소(文素). 송나라 때에 노국공(魯國公)으로 봉함을 받았으므로 노공이라 한다. 문재에 뛰어나 오대(五代) 시대의 당에서부터 진·한·주에 걸쳐 벼슬하였다. 저서로는 '문집(文集)' '오대통록(五代通錄)'이 있다. 그는 이미 주(周)나라에서 정승 노릇을 하였고 다시 송(宋)나라에서 정승이 되었으므로 스스로 나그네의 신하라 하였다.

90

6
•••••
세상 사람들은

세상 사람들은

남이 내 마음을 미리 알아차리고 치켜세워 주기를 좋아한다.

남이 비위를 맞추어 받들어 주면, 정말로 자기가 잘나서 그러는 줄 알고 뽐내면서 잘난 체 더욱더 거드름을 피운다.

그러나 사람들이 속으로 욕을 하며, 겉으로만 받드는 체하는 줄 모르고 있으니 딱한 일이다.

이런 까닭으로 옛 사람들은 자신을 낮추고 상대를 높여 대하지 않았고, 잘난 체 뽐내며 거만한 사람이나, 상대방에게 굽신거리며 상대방의 뜻에 무조건 따르는 사람을 대단히 싫어했다.

세상 사람들은

의협심을 높이 평가하여 강한 자를 꺾고 약한 자를 돕는 일을 중요한 덕목으로 생각했다.

이러한 사람을 가리켜 용감하고 정의감이 강한 의리 있는 사람이라고 일컬었다.

그러나 남이 급하고 어려운 일을 당했을 때 도와 주다가 감옥에

갇히는 경우가 있다. 좋은 일을 하다가 오히려 화를 입는 경우가
생기는 것이다. 그러므로 깊이 생각하고 앞뒤를 가려서 행동해야
할 것이다.

세상 사람들은

욕심 없는 마음, 깨끗하고 맑은 마음을 가지고, 사치하지 않고
분수에 맞게 생활하는 사람을 업신여긴다.

몸치장에 아까운 줄 모르고 돈을 낭비하고, 분에 넘치는 생활을
하려고 한다.

피둥피둥 살찐 말을 타고, 값비싼 비단옷을 입고 거드름을 피우
며 마을을 드나든다.

이렇게 하면 마을의 어린아이들은 부러워할지 모르지만, 세상
을 바로볼 줄 아는 배운 사람들은 비웃으며 천한 사람이라고 업
신여길 것이다. ● 범로공질

● 범로공질(范魯公質) : 범질(范質). 자는 문소(文素). 송나라 때에 노국공(魯國
公)으로 봉함을 받았으므로 노공이라 한다. 문재에 뛰어나 오대(五代) 시대의 당에
서부터 진·한·주에 걸쳐 벼슬하였다.

7
· · · · ·
배우고도 좋은 일을 못 하는 사람

교육을 받지 못했는데도 바른 일을 알고 실천하는 사람은 으뜸 가는 사람이니 성인이 아니겠는가. 교육을 받은 뒤에 바른 일을 알고 실천하는 사람은 좋은 사람이니 현명한 선비가 아니겠는가.

높은 교육을 받고도 바른 일을 실천하지 못하는 사람은 경멸받 을 사람이니 어리석은 바보가 아니겠는가.

도덕과 재능이 뛰어난 사람과는 향기로운 난초를 가까이 하듯 가까이 사귀고, 착한 일을 모르는 사람은 뱀이나 전갈을 무서워하 듯 멀리 피해야 한다.

흉악한 사람은 교묘한 말로써 남을 속여 물심양면으로 피해를 준다. 성질이 사나우며, 자신의 이익만을 쫓으며, 음란한 행위를 즐기며, 남이 불행을 당해 괴로워하는 것을 좋아한다. 착한 사람 을 마치 원수처럼 미워하며, 법에 어긋나는 행위를 하여 범법자로 처벌받기를 밥먹듯이 한다.

너희는 좋은 일을 알고 실천하는 훌륭한 사람이 되기를 바라느 냐, 아니면 성질이 사납고 악한 사람이 되기를 바라느냐. ● 소강절

● 소강절(邵康節) : 소옹(邵雍 : 1011~1077). 자는 요부(堯夫). 시호는 강절(康 節). 하북 범양(河北范陽) 사람. '주역'에 통달하였다. 평생 재야에서 지냄.

8
· · · · ·
엄격한 부모 엄격한 스승

송(宋)나라 때 여형공(呂滎公)의 어머니는 성품이 엄격하고 행실이 법도에 어긋나지 않았다. 아들을 매우 사랑하면서도 가르침에는 매우 엄격해서 반드시 예법에 따라 행동하도록 했다.

여형공은 어렸을 적부터, 매우 추운 날이나 더운 날이나 비가 오는 날에도 하루종일 부모를 모시고 서 있었으며, 앉아도 좋다는 말씀이 없으면 앉지를 않았다. 아무리 날씨가 더워도 부모와 어른 곁에서는 버선을 벗거나 소매를 걷지 않았고, 몸가짐을 흐트러뜨리지 않았다.

외출할 때는 찻집이나 술집에 들어가지 않았다.

천박한 말이나 시끄러운 음악은 듣지 않았고, 바르지 않은 글은 읽지 않았고, 예의에 벗어나는 행실은 보지를 않았다.

태수로 와 있던 구양수(歐陽修)가 여형공을 초빙해 아이들을 가르치게 했다.

제자들이 조금이라도 잘못을 범하거나 도리에 어긋난 행동을 하면, 단정히 앉아서 그를 불러 앞에 앉히고 하루 해가 저물고 밤이 새도록 한 마디 말도 하지 않았다. 제자가 두려워서 잘못을 뉘우치고 벌을 순순히 받아들이면 비로소 얼굴빛이 조금 부드러워졌다.

　이 때 여형공의 나이 겨우 열 살이었다.

　여형공은 "집안에 현명한 아버지와 형이 없고, 밖에 엄격한 스승과 벗이 없으면 아무 일도 성취할 수가 없다."고 말했다.

● 여형공(呂滎公) : 여희철(呂希哲). 자는 원명(原明). 동래 사람. 송(宋)나라 때의 명신으로 형양군공(滎陽郡公)으로 봉해졌다.
● 구양수(歐陽修) : 1007~1073. 자는 영숙(永叔). 시호는 문충(文忠). 강서(江西) 사람으로 송나라 인종(仁宗) 때의 명신. 저서로는 '구양문충공전집(歐陽文忠公全集)'이 있다.

9
· · · · ·
친정 어머니의 가르침

여형공의 아내 장씨(張氏)는 부모의 지극한 사랑을 받고 자랐다. 그러나 가르침은 엄격히 받았다.

어머니가 딸을 보러 왔다가 뒤뜰에 솥과 냄비 따위가 있는 것을 보고 매우 언짢게 생각하고는, 딸의 시어머니에게 "사부인께서는 어찌하여 아이들이 저희들끼리 음식을 만들어 먹게 내버려 두어 집안의 법도를 흐려 놓았습니까." 하고 말했다.

어머니의 엄격함이 이처럼 철저했다. ● 여형공

● 여형공(呂榮公) : 여희철(呂希哲). 자는 원명(原明). 동래 사람. 송(宋)나라 때의 명신으로 형양군공(滎陽郡公)으로 봉해졌다.

10
•••••
대학 교육 개혁 방안

대학은 예의를 중요하게 여기고 인격을 도야하는 곳이다. 달마다 시험을 쳐서 성적으로써 경쟁시키는 교육은 인격을 교화하고 인재를 양성하는 도에 어긋난다.

시험을 과제로 바꾸고, 학력이 부족한 학생은 선생이 불러서 가르치고, 이제까지와 같이 성적을 매겨 서열을 정하는 짓은 다시는 하지 말아야 한다.

교관의 사무가 복잡하거나 번거롭지 않도록 간략하게 해서, 교관이 본연의 임무인 가르쳐 감화를 주는 일에 오로지 전념하도록 해야 한다.

학문과 덕행이 뛰어난 사람을 널리 구해 스승으로 초빙하고, 누구나 와서 견학할 수 있도록 대학을 개방해야 한다. ● 정이천

● 정이천(程伊川) : 1033～1107. 중국 북송의 유학자 정이(程頤)를 말하며, 자는 정숙(正叔)이다. 정호(程顥)의 동생. 낙양(洛陽) 사람이다. 이천백(伊川伯)으로 봉해져 이천 선생이라고 부른다. 처음으로 이기(理氣)의 철학을 제창하였으며, 유학의 도덕에 철학적인 기초를 부여하였다. '역전(易傳)' '어록(語錄)' 등이 있고 시호는 정공(正公)이다.

제3장
부모 사랑

부모가 나를 낳으셨으니 이보다 더 큰 은혜
가 없고, 부모가 이끌어 주시니 은혜의 두
터움이 이보다 더 중한 것이 없다

제 1 절
효도는 어떻게 하는 것인가

마음을 즐겁게 해 드리고
뜻을 어기지 않으며

101

1
• • • • •
부모님을 모실 때는

　자식이 부모를 모실 때는, 첫닭이 울면 세수하고 양치질하고 머리 빗고, 옷을 단정히 입는다. 이렇게 준비하고 부모가 계신 곳으로 가서 문안을 드린다.

　부모 계신 곳에 가서는 숨소리를 낮추고 말소리를 부드럽게 하여, 입고 계신 옷이 너무 두꺼워 덥지는 않은지 아니면 너무 얇아 추운 건 아닌지 여쭈어 본다. 병들어 아프시면 조심스럽게 이마를 짚어 본다.

　부모님이 집 안팎을 나가실 때나 들어오실 때는 공손하게 부축해 드린다.

　세수하실 물을 드릴 때는 대야를 받들어 물을 부어 드리고 세수하시기를 청한다. 세수를 다 마치시면 수건을 드린다.

　잡숫고 싶은 것을 여쭈어 공손하게 드리며, 부모님께서 맛보신 다음에 물러난다. 부모가 항상 잡수시는 음식은 드시고 남긴 것이 아니면 먹어서는 안 된다.

　부모님이 누우려 하시면 누울 자리를 받들고 발을 어느 쪽에 두실 것인지 여쭙는다. 자리에서 일어나시면 이부자리를 개서 베개와 함께 장롱에 넣어 둔다.

　　부모님이 계신 곳에 있을 때는 분부하시는 일이 있으면 재빨리 대답하고 신속하게 처리한다. 부모님이 계신 곳에 갈 때나 물러날 때는 행동을 조심하고 엄숙히 하며, 몸을 구부리고 펴는 동작을 예법에 맞게 해야 한다.

　　부모님 앞에서는 곁눈질, 트림, 재채기, 기침, 하품, 구역질을 해서는 안 되고, 기지개를 켜거나 침을 뱉거나 코를 풀어서도 안 되고, 가려워도 긁지 말아야 한다. 한 발로 비스듬히 서서 벽에 기대거나 삐딱하게 앉지 말고, 추워도 옷을 여러 벌 껴입지 말고, 소매나 바짓가랑이를 걷어올리지 말고, 속옷이 드러나 보이게 해서는 안 된다.

　　부모님의 침과 콧물은 남이 보지 않게 하고, 옷이 더러우면 갈아 입기를 청하고, 옷이 터지거나 찢어졌으면 꿰매 드려야 한다.

● 내칙

　● 내칙(內則) : '예기(禮記)' 제12편의 편명이며, 가정에서 지켜야 할 규칙들이 다루어져 있다.

2
• • • • •
자식으로서 지켜야 할 도리

사람이 자식으로서 지켜야 할 도리는, 부모님에게 겨울에는 따뜻하게 해 드리고 여름에는 서늘하게 해 드린다.

날이 저물어 밤이 되면 자리를 펴 드리고, 동이 트는 새벽이면 안부를 살핀다.

밖에 나갈 때는 어디를 어떤 일로 언제까지 다녀올 것인지를 말씀드리고, 돌아오면 무사히 돌아왔음을 알린다. ● 곡례

● 곡례(曲禮) : 오경(五經)의 하나인 예기의 편명으로 예기 1,2편의 이름이다. 곡례는 상하 2편으로 이루어졌다. 곡례란 자상스러운 예절을 뜻하며 곡례의 조목은 3천 가지나 된다고 하였다. 곧 소소한 예.

3
•••••
효로써 부모를 섬길 때는

　효자로서 부모를 사랑하는 마음이 깊은 사람은 온화한 기운이 있고, 온화한 기운이 있는 사람은 즐거워하는 빛이 있고, 즐거워하는 빛이 있는 사람은 온순한 모습이 있다.

　효자는 부모 섬기기를 가득 찬 물그릇을 든 것처럼 조심하고 정성을 다해야 하지만, 행동은 지극히 자연스럽고 부드러워야 한다. 만약 너무 엄숙해 보여서 남들이 두려워할 정도라면 그것은 부모님을 섬기는 도리가 아니다. ● 예기

● 예기(禮記) : 오경(五經)의 하나. 주(周)나라 말부터 진(秦)나라 한(漢)나라 시대의 유자(儒者)가 행해야 할 예절에 관한 것들을 수록한 책. 한나라 무제(武帝) 때 하간(河間)의 헌왕(獻王)이 고서(古書) 131편을 편술하여 뒤에 214편으로 된 대대례와, 대덕(戴德)이 85편으로 줄이고, 선제(宣帝) 때 그의 조카인 대성(戴聖)이 다시 49편으로 줄인 소대례(小戴禮)가 있다. 이 소대례가 지금의 예기이다.

105

4
●●●●●
자식 된 이의 행동

  자식 된 이는 방에 있을 때는 아랫목에 앉지 않으며, 가운데 자리에 앉지 않는다. 길 한복판으로 다니지 않으며, 문 가운데 서지 않는다.

  우리 집 잔치 음식과 제사 음식은 사람을 가리지 않고 누구에게나 대접해야 한다.

  부모님이 말로 표현하지 않았어도 그 말을 들은 것처럼 헤아려야 하고, 부모님의 의사가 얼굴에 나타나기 전에 그 뜻을 본 것처럼 헤아려야 한다.

  부모님이 걱정하실 것을 생각하여 높은 곳에 오르지 않으며, 깊은 곳에 내려가지 않으며, 남을 헐뜯지 않으며, 남의 비위를 맞추려 억지로 웃지 않는다. ● 곡례

  ● 곡례(曲禮) : 오경(五經)의 하나인 예기의 편명으로 예기 1,2편의 이름이다. 곡례는 상하 2편으로 이루어졌다. 곡례란 자상스러운 예절을 뜻하며 곡례의 조목은 3천 가지나 된다고 하였다. 곧 소소한 예.

5
• • • • •
부모님이 살아 계시면

부모님이 살아 계시면, 먼 곳으로 가 객지 생활을 해서는 안 된다. 어쩔 수 없이 멀리 가 있게 되면 반드시 일정한 곳에 있어야 한다. ● 공자

부모님이 살아 계시면, 부모를 봉양해야 할 자식 된 도리가 있으므로, 벗과 함께 목숨을 걸어야 하는 일을 도모하거나 약속하지 말아야 한다. ● 곡례

● 공자(孔子) : BC 552~479. 유학(儒學)의 창시자. 중국 춘추 시대(春秋時代)
의 노(魯)나라 사람이며, 이름은 구(丘)이고 자는 중니(仲尼)이다. 노나라 사구(司
寇)벼슬을 지내다 사직하고 도를 천하에 전하려고 주유했으나 발탁되지 못하고 노나
라로 돌아와서 시(詩), 서(書), 예(禮), 악(樂), 역(易), 춘추(春秋) 등의 육경을
산술(删述)하였다. 제자들이 공자의 언행을 기록한 '논어' 7권도 있다.

107

6
· · · · ·
부모님의 말씀은

  부모님이 하신 말씀이나 분부는 존중하여 따를 뿐, 뒤로 미루어
처리를 늦추거나 거역하지 말아야 한다.

  만약 부모님이 음식을 먹으라고 주시면, 비록 먹고 싶은 생각이
없더라도 일단 맛을 보고 맛있다고 해야 하고, 옷을 입으라고 주
시면 비록 입고 싶은 생각이 없더라도 일단 입고 즐거워해야 한
다. ● 내칙

● 내칙(內則) : '예기(禮記)' 제12편의 편명이며, 가정에서 지켜야 할 규칙들이 다
루어져 있다.

7
• • • • •
부모님 몰래 딴주머니를 차지 마라

아들과 며느리는 내 몫의 재물을 따로 갖지 말아야 하고, 내 몫의 저축을 따로 하지 말아야 하고, 내 몫의 기물을 따로 갖지 말아야 한다.

내 맘대로 남에게 돈을 꾸거나 꾸어 주지 못하며, 집안의 물건을 내 맘대로 빌려 주거나 남의 집 물건을 빌려 오지 말아야 한다.

● 내칙

109

8
· · · · ·
선물을 받으면

며느리에게 누가 음식을 주거나 의복, 노리개 같은 것을 주면 곧바로 시부모님께 드려야 한다. 시부모님이 되돌려주면 사양하고, 그래도 주면 마치 새로 주는 것을 받는 것처럼 고맙고 기쁘게 생각하고, 받아서 잘 간수했다가 시부모님께서 필요로 할 때를 기다린다. 만약 친정 부모나 형제에게 주고 싶으면 시부모에게 허락을 받은 다음에 주어야 한다. ● 내칙

● 내칙(內則) : '예기(禮記)' 제12편의 편명이며, 가정에서 지켜야 할 규칙들이 다루어져 있다.

9
• • • • •
늙은 부모를 모시고 있을 때

부모님이 늙으셨으면 밖에 나갈 때는 간다고 한 곳을 바꾸지 않아야 하며, 집에 돌아오겠다고 약속한 때를 어기지 않아야 한다.

부모님이 병드셨으면 얼굴에 근심하는 빛을 띠는 것이 효자가 지켜야 할 예절이다.

부모님이 돌아가시고 나면, 차마 아버지의 책을 읽지 못하는 것은 아버지의 손때가 묻어 있기 때문이고, 어머니가 쓰던 그릇들을 차마 쓰지 못하는 것은 어머니의 손길이 남아 있기 때문이다.

● 예기

● 예기(禮記) : 오경(五經)의 하나. 주(周)나라 말부터 진(秦)나라 한(漢)나라 시대의 유자(儒者)가 행해야 할 예절에 관한 것들을 수록한 책. 한나라 무제(武帝) 때 하간(河間)의 헌왕(獻王)이 고서(古書) 131편을 편술하여 뒤에 214편으로 된 대대례와, 대덕(戴德)이 85편으로 줄이고, 선제(宣帝) 때 그의 조카인 대성(戴聖)이 다시 49편으로 줄인 소대례(小戴禮)가 있다. 이 소대례가 지금의 예기이다.

10
• • • • •
늙으신 부모를 섬기는 도리

부모의 마음을 즐겁게 해 드리고, 뜻을 어기지 않으며, 귀와 눈을 즐겁게 해 드리고, 잠자리와 거처를 편안하게 해 드리고, 맛있고 좋은 음식으로 정성껏 봉양하는 것이 효자의 도리다.

부모가 좋아하고 사랑하는 것은 나도 사랑하고 좋아해야 하며, 부모가 공경하는 것은 나도 공경해야 한다. 개나 말이라도 모두 이와 같이 해야 하거늘 하물며 사람임에랴. ● 증자

● 증자(曾子) : BC 505~436?. 유학자(儒學者). 증삼(曾參)을 높여 부르는 말. 증삼은 중국 춘추 시대 노(魯)나라 사람으로 공자의 제자이며, 이름은 삼(參)이고, 자는 자여(子輿)이다. 공자의 사상을 전수받아 자사(子思)에게 전수하였으며 공자의 제자 중에서 효가 뛰어났다. '대학'과 '효경'을 지었다고 주자가 말하고 있다.

11
• • • • •
맏며느리의 도리

시어머니가 늙어서 집안 일을 맏며느리에게 물려주더라도, 맏며느리는 제사지내고 손님 접대하는 일의 모두를 시어머니께 여쭈어 처리해야 하고, 다른 작은며느리들은 맏며느리에게 물어서 해야 한다.

시부모가 맏며느리에게 일을 시키면 맏며느리는 게을리해서는 안 되며, 손아래 동서들을 함부로 대해서는 안 된다.

시부모가 작은며느리들에게 중요한 일을 맡겼다고 해도, 작은며느리들은 맏며느리에게 물어서 처리해야 하며, 어떤 경우에도 맏며느리와 대등하게 행동하지 못한다. 어깨를 나란히 하고 다니지 못하고, 나란히 서지 못하고, 나란히 앉지 못한다.

며느리들은 시부모가 "이제 그만 너희들 방으로 물러가라."는 말씀을 하기 전에는 물러나지 못한다. 며느리는 시간이 있으면 큰 일이거나 작은 일이거나 모든 일을 시부모에게 말씀드리고 답을 주실 것을 기다린다.

종가집에 갈 때는 비록 부귀하더라도 부귀한 티를 내서는 안 되고, 수레를 타고 하인을 거느리고 가게 되면 수레와 하인을 대문 밖에 두고 검소한 차림으로 들어가야 한다. ● 내칙

12
●●●●●
부모에게 허물이 있으면

부모에게 허물이 있으면 기운을 낮추고, 얼굴빛을 온화하게 하고, 말소리를 부드럽게 하여, 허물을 고치시도록 간곡하게 말씀을 드린다.

부모님이 받아들이지 않으시면, 효성을 다하여 부모를 기쁘게 한 다음 다시 말씀을 올린다.

부모가 자식이 드리는 충고를 받아들이지 않더라도, 부모로 하여금 잘못을 저지르게 하기보다는 귀에 익숙해지도록 자꾸 충고의 말씀을 올려야 한다.

부모님이 노여워하고 매질을 해서 피가 흘러도 부모를 미워하거나 원망하지 말고, 공경하고 효도하는 데 더욱 힘써야 한다.

● 내칙

● 내칙(內則) : '예기(禮記)' 제12편의 편명이며, 가정에서 지켜야 할 규칙들이 다루어져 있다.

13
• • • • •
부모가 병석에 누워 있으면

부모가 병이 들어 누워 있으면, 자식들은 머리를 빗지 않으며, 가벼운 걸음으로 걷지 않으며, 음악을 연주하지 않으며, 고기를 먹을 때 맛을 잃을 정도로 싫증나게 먹지 않으며, 술을 마셔도 얼굴색이 변할 정도로 마시지 않는다. 웃어도 잇몸이 드러나게 웃지 않고, 성내더라도 큰 소리로 남을 꾸짖는 데까지 이르지 않는다.

부모가 약을 드실 때는 자식이 먼저 맛을 보고, 의원이 3대를 이어서 의원 노릇을 해 오지 않았으면 그 의원이 지은 약은 쓰지 않는다. ● 곡례

● 곡례(曲禮) : 오경(五經)의 하나인 예기의 편명으로 예기 1,2편의 이름이다. 곡례는 상하 2편으로 이루어졌다. 곡례란 자상스러운 예절을 뜻하며 곡례의 조목은 3천 가지나 된다고 하였다. 곧 소소한 예.

14
• • • • •

서리와 이슬에서 서글픔을 느낀다

가을에 내린 서리와 이슬을 밟으면 서글픈 마음이 생긴다. 추워서 그러는 것이 아니라 돌아가신 부모님이 생각나기 때문이다.

봄에 내린 비와 이슬이 땅을 적시면 서글픈 마음이 일어난다. 몸이 젖어서 그러는 것이 아니라 돌아가신 부모를 뵐 것 같은 생각이 들기 때문이다. ● 제의

● 제의(祭義) : '예기(禮記)' 제24편의 명칭이며, 제사에 대한 의의를 기록하였다.

116

15
• • • • •
제사는 부부가 함께 지낸다

제사란 반드시 부부가 함께 지내는 것이다. 그래야 밖과 안의 제사 지내는 사람이 갖추어지는 것이니, 그래야 제물도 구비되는 것이다.

제사를 받들 때 반드시 몸소 거행해야 하지만, 어쩔 수 없는 일이 있을 때는 다른 사람으로 하여금 제사를 받들도록 해도 된다.

● 제통

● 제통(祭統) : '예기(禮記)' 제25편의 명칭이며, 제사의 근본을 기록하였다.

16
• • • • •
부모님을 섬기는 다섯 가지 도리

부모가 나를 낳으셨으니 몸을 이어받음이 이보다 더 큰 은혜가 없고, 부모가 이끌어 주고 가르쳐 주시니 은혜의 두터움이 이보다 더 중한 것이 없다. 이런 까닭으로 부모를 사랑하지 않고 다른 사람을 사랑하는 것을 패덕(悖德)이라 하고, 어버이를 공경하지 않고 다른 사람을 공경하는 것을 패례(悖禮)라 한다.

자식이 부모를 섬기는 도리는, 평상시에는 극진히 공경하고, 봉양할 때는 즐거워하시도록 최선을 다하고, 병이 드셨으면 진심으로 근심하고, 부모님이 돌아가시면 세상이 무너진 듯 슬퍼하고, 제사를 지낼 때는 매우 엄숙하게 해야 한다. 이 다섯 가지가 갖추어진 뒤에야 부모를 섬긴다고 할 수 있다. ● 공자

17
• • • • •
부모를 섬기는 이가 버려야 할 세 가지

부모를 섬기는 이는 다른 사람의 위에 있어도 교만하지 않으며, 다른 사람의 아래가 되어도 인륜에 어긋나는 반역과 같은 행동을 하지 않고, 동료들과는 다투지 않아야 한다.

남의 위에 있으면서 교만하면 패망하고, 남의 아랫사람이 되어 인륜에 어긋나는 행동을 하면 죄를 지어 형벌이 돌아오며, 동료 사이에 다투면 칼부림으로 해를 입는다.

이 세 가지를 없애지 않으면, 비록 날마다 기름진 음식과 향기로운 술로써 부모를 봉양한다 해도 오히려 불효가 된다. ● 공자

● 공자(孔子) : BC 552~479. 유학(儒學)의 창시자. 중국 춘추 시대(春秋時代)의 노(魯)나라 사람이며, 이름은 구(丘)이고 자는 중니(仲尼)이다. 노나라 사구(司寇) 벼슬을 지내다 사직하고 도를 천하에 전하려고 주유했으나 발탁되지 못하고 노나라로 돌아와서 시(詩), 서(書), 예(禮), 악(樂), 역(易), 춘추(春秋) 등의 육경을 산술(刪述)하였다. 제자들이 공자의 언행을 기록한 '논어' 7권도 있다.

119

18
• • • • •
다섯 가지 불효

게을러 빠져서 부모 봉양을 소홀히 하는 것이 첫째 불효요,

도박과 잡기를 좋아해 부모를 돌보지 않는 것이 둘째 불효요,

처자는 잘 돌보면서 부모는 돌보지 않는 것이 셋째 불효요,

음주가무에 빠져 부모를 욕되게 하는 것이 넷째 불효요,

싸우기 좋아하여 부모를 걱정시키는 것이 다섯째 불효다.

● 맹자

● 맹자(孟子) : BC 372~289. 중국 전국 시대의 유학자(儒學者). 이름은 가(軻)
이고, 자는 자여(子輿) 또는 자거(子車)이다. 노(魯)나라 추(鄒)현에서 출생. 공자
의 손자인 자사에게 수학하고 공자(孔子)의 인(仁) 사상을 발전시켜 사단칠정(四端
七情)의 설을 설명하고 '성선설(性善說)'을 주창하였다. 제(齊)나라 양(梁)나라
의 제후들에게 왕도(王道)를 설명하고 인의의 정치를 권장하였다. 유학의 도통을 이
었으며 아성(亞聖)이라고 일컫는다. '맹자' 7권의 저서가 있다.

19
•••••
효도 아닌 것 다섯 가지

① 날마다 신중하지 않으면 효도가 아니다.

② 임금을 섬기는 데 충성하지 않으면 효도가 아니다.

③ 벼슬자리에 있으면서 일을 공정히 처리하지 않으면 효도가
아니다.

④ 친구 사이에 믿음이 없으면 효도가 아니다.

⑤ 전쟁터에 나가 용감히 싸우지 않으면 효도가 아니다. ● 증자

● 증자(曾子) : BC 505~436?. 유학자(儒學者). 증삼(曾參)을 높여 부르는 말.
증삼은 중국 춘추 시대 노(魯)나라 사람으로 공자의 제자이며, 이름은 삼(參)이고,
자는 자여(子輿)이다. 공자의 사상을 전수받아 자사(子思)에게 전수하였으며 공자
의 제자 중에서 효가 뛰어났다. '대학'과 '효경'을 지었다고 주자가 말하고 있다.

20
•••••
죄 가운데 가장 큰 죄

다섯 가지 형벌에 해당하는 죄의 수가 3,000가지나 된다. 그 많은 죄 가운데 불효보다 더 큰 죄는 없다. ● 공자

● 공자(孔子) : BC 552∼479. 유학(儒學)의 창시자. 중국 춘추 시대(春秋時代)의 노(魯)나라 사람이며, 이름은 구(丘)이고 자는 중니(仲尼)이다. 노나라 사구(司寇)벼슬을 지내다 사직하고 도를 천하에 전하려고 주유했으나 발탁되지 못하고 노나라로 돌아와서 시(詩), 서(書), 예(禮), 악(樂), 역(易), 춘추(春秋) 등의 육경을 산술(刪述)하였다. 제자들이 공자의 언행을 기록한 '논어' 7권도 있다.

21
• • • • •
내 고생은 부모님이 모르게

　부모님이 친하게 지내는 사람이나 가까이 지내는 사람이 있으면 자주 초대하여 맛있는 음식으로 극진히 대접해야 한다. 살림에 여유가 있고 없고를 따져서는 안 된다.

　그러나 내가 고생하고 있다는 사실을 부모님이 알게 해서는 안 된다. 만약 내가 고생하고 있다는 사실을 부모님이 아시면 부모님의 마음이 편안하지 못할 것이다. ● 장횡거

● 장횡거(張橫渠) : 장재(張載 : 1010～1071). 자(字)는 자후(子厚). 북송(北宋)의 학자. 섬서(陝西) 사람. 어린 시절 아버지를 따라갔다가 부친이 부임지에서 사망하자 그대로 봉상부미현횡거진(鳳翔府郿縣橫渠鎭)의 사람이 되었다. 가우(嘉祐)년에 임관하여 숭정원교서(崇政院校書), 지태상예원(知太常禮院)이 되었다. 그의 학설은 유불노(儒佛老)의 세 사상을 융합하고 우주를 일원적으로 해석하여 정이(程頤), 주희(朱熹) 등의 학설에 영향을 미쳤다. 저서로는 '동서명(東西銘)' '정몽(正蒙)' '이굴(理窟)' '역설(易說)' 등이 있다.

22
• • • • •
부모 병을 돌팔이 의원에게 맡기지 마라

　부모님이 병을 얻어 자리에 누워 계실 때, 의술도 충분히 갖추지 못한 돌팔이 의원에게 맡기는 것은 부모를 사랑하지 않고 효도하지 않는 것과 같다. 그러므로 부모님을 모시는 이는 의술을 알지 않으면 안 된다. ● 정이천

● 정이천(程伊川) : 1033~1107. 중국 북송의 유학자 정이(程頤)를 말하며, 자는 정숙(正叔)이다. 정호(程顥)의 동생. 낙양(洛陽) 사람이다. 이천백(伊川伯)으로 봉해져 이천 선생이라고 부른다. 처음으로 이기(理氣)의 철학을 제창하였으며, 유학의 도덕에 철학적인 기초를 부여하였다. '역전(易傳)' '어록(語錄)' 등이 있고 시호는 정공(正公)이다.

23
• • • • •
제사를 소홀히 하지 마라

관례, 혼례, 상례, 제례는 예의 가운데서도 매우 중요한 것인데 요즘 사람들은 잘 알지 못한다.

승냥이나 수달 같은 짐승도 근본에 보답할 줄 아는데, 오늘날의 사람들은 이것을 소홀히 하여 살아 계신 부모 봉양은 제법 잘 하면서 돌아가신 조상 제사는 소홀히 하니 경우에 맞지 않는 일이다.

집에는 사당을 마련하고, 사당에는 조상의 위패를 모시고, 매달 초하루에는 새 수확물을 바친다.

시제(時祭)는 2, 5, 8, 11월 보름날 지낸다. 동지에는 시조에게, 입춘에는 선조에게, 9월에는 아버지 사당에 제사를 지낸다.

제례는 살아 계신 부모를 받들어 모시는 정성보다 더 지극한 정성으로 지내야 한다. 이 가운데 몇 가지만이라도 지켜 나간다면, 자라나는 어린 사람들에게 예의가 무엇인지 바르게 이해시킬 수 있을 것이다. ● 정이천

24
•••••
옛날 사람들이 부모상을 당했을 때는

　옛날에는 부모의 상을 당하면, 이틀 동안 음식을 먹지 않았고, 3일째 되는 날 입관하여 빈소를 차려 모시고 난 뒤 비로소 죽을 먹었다.

　졸곡(卒哭)을 마치면 거친 밥과 물을 마시고 채소와 과일은 먹지 않았다. 소상을 지내고 나서야 채소와 과일을 먹었고, 대상을 지내고 나서야 비로소 평상시와 같은 음식을 먹었다.

　상을 다 마치고 난 후부터 단술을 마실 수가 있었고, 처음으로 고기를 먹는 경우에는 먼저 말린 고기를 먹었다.

　옛 사람들은 이와 같이 부모의 상을 지내는 동안에는 고기를 먹거나 술을 마시지 않았다. ● 사마온공

● 사마온공(司馬溫公) : 사마광(司馬光 : 1019~1086). 자는 군실(君實). 죽은 뒤에 온국공(溫國公)이라 추증되어 온공(溫公)이라고 한다. 산서성(山西省) 영제현(永濟縣) 사람. 어려서부터 남보다 뛰어나 몸가짐이 바르고 엄하였다. 인종(仁宗) 이하, 영(英)·신(神)·철(哲) 사조(四朝)의 명신으로서 덕행을 베풀어 많은 사람들이 우러러 받들었다. 왕안석(王安石)의 신법에 반대하여 낙양(洛陽)에 물러나 있는 동안 '자치통감(資治通鑑)' 324권을 완성. 그 밖에 '온국문정공문집(溫國文正公文集)' '계고록(稽古錄)' 등의 저서가 있으며 문정이라는 시호를 받았다.

25
• • • • •
요즘 사람들 왜 이러는가

요즘 사람들은 상중에 고기를 먹고 술도 마시고, 평상시의 생활과 다를 것 없이 한다.

입관이 끝나기도 전에 문상객들이 고기와 술을 가지고 와서 상주를 위로하고, 상주는 술과 음식을 마련하여 문상객들을 대접하면서 날을 보내고, 매장할 때가 되어도 그 모양 그대로이다. 마치 잔치집 같은데도 조금도 부끄러워하지 않고, 다른 사람들도 이상하게 생각하지 않는다.

더욱 한심한 것은 망자를 즐겁게 해 준답시고 악대를 불러 음악을 연주하는 일이다. 발인 때는 악대가 상여를 앞서 가며 길잡이를 하고, 상복 입은 자손들은 슬피 울면서 그 뒤를 따라가니 온통 뒤죽박죽이다.

어떤 집에서는 부모 돌아가시기를 기다렸다는 듯이 상중인데도 재빨리 시집가고 장가든다.

예의바른 풍습은 쓸모없는 것이 되어 없어지고, 나쁜 풍습은 버릇이 되어 고칠 수 없는 지경에 이르고 말았다. 아, 무지한 사람들을 깨우쳐 도리를 알게 하기는 어려우니, 어찌하다 이 모양 이 꼴이 되었단 말인가. 참으로 슬픈 일이다. ● 사마온공

127

26
• • • • •
부모상을 당했을 때의 예의 범절

부모 상중에 있는 사람은 대상을 마치기 전까지는 술을 마시거나 고기를 먹지 않는다. 만약 병이 들면 잠시 동안 고기를 먹고 술을 마셔도 되지만 병이 나으면 처음으로 되돌아가야 한다.

거친 음식을 먹으면 소화가 되지 않아서 음식을 못 먹고, 그로 인해서 몸이 쇠약해져 병이 생기지 않을까 걱정되는 사람은, 고기 즙과 육포와 소금에 절인 젓갈이나 약간의 고기로써 영양을 섭취해 건강을 지켜야 한다.

나이가 50이 넘어 노쇠해져 가는 사람이 고기와 술을 적당량 섭취하는 것은 어쩔 수 없는 일이다. 그러나 진수성찬을 차려 놓고 마음대로 양껏 먹고 마시거나, 다른 사람들과 함께 잔치를 벌이거나 즐겨서는 안 된다. ● 사마온공

● 사마온공(司馬溫公) : 사마광(司馬光 : 1019~1086). 자는 군실(君實). 죽은 뒤에 온국공(溫國公)이라 추증되어 온공(溫公)이라고 한다. 산서성(山西省) 영제현(永濟縣) 사람. 어려서부터 남보다 뛰어나 몸가짐이 바르고 엄하였다. 인종(仁宗) 이하, 영(英)・신(神)・철(哲) 사조(四朝)의 명신으로서 덕행을 베풀어 많은 사람들이 우러러 받들었다. 왕안석(王安石)의 신법에 반대하여 낙양(洛陽)에 물러나 있는 동안 '자치통감(資治通鑑)' 324권을 완성. 그 밖에 '온국문정공문집(溫國文正公文集)' '계고록(稽古錄)' 등의 저서가 있으며 문정이라는 시호를 받았다.

27
• • • • •
요사스러운 짓은 하지 마라

    무당을 불러 악귀를 집안에서 내쫓고 복을 받게 해 달라고 굿을 하거나, 재앙을 막는다고 부적을 붙이는 것 같은 요사스럽고 망령된 짓은 하지 마라. ● 안씨가훈

  ● 안씨가훈(顏氏家訓) : 7권 20편(七卷二十篇)으로 되어 있다. 안지추(顏之推 : 531~602?)가 지은 것이다. 자손에게 주는 훈계의 책. 안지추의 자는 개(介). 산동(山東) 사람. 시대의 유행에 휩쓸리지 않고 유불(儒佛)의 조화를 말하여 현실적이고 진실한 인생관을 주장하였다. 저서로는 '안씨가훈(顏氏家訓)' 외에 '문집(文集)' '환원지(還冤志)'가 있다.

제 2 절
효도를 실천한 사람들

이 없는 시어머니에게 젖을 먹인 며느리

1. 일흔 나이에 부모 앞에서 재롱부린 노래자 / 2. 내 몸은 부모가 주셨으니 / 3. 어머니 회초리에 힘이 없으시니 / 4. 이러시면 안 됩니다 / 5. 유랑 생활 중에도 어머니를 잘 봉양한 강혁 / 6. 계모를 극진히 모신 왕상 / 7. 비명에 죽은 아버지를 섬긴 왕부 / 8. 시어머니에게 젖을 먹인 며느리 / 9. 아버지의 변을 맛본 유검루 / 10. 어머니를 매장할 수 없어 죄인으로 지낸 하자평 / 11. 어렸을 때 헤어진 어머니를 찾은 주수창 / 12. 세금을 면제받은 효부 / 13. 목숨 걸고 시어머니를 지킨 효부 / 14. 어머니에게는 닭고기를 손님에게는 나물 반찬을

1
· · · · ·
일흔 나이에 부모 앞에서 재롱부린 노래자

　초나라 때 사람 노래자는 나이 일흔이 되어서도 색동저고리를
입고 늙은 부모 앞에서 어린아이처럼 재롱을 부렸다.

　물그릇을 들고 마루에 오르다 일부러 넘어지고는, 마당에 누워
서 어린아이 울음소리를 냈으며, 새새끼를 잡아다 부모 곁에서 가
지고 놀았다.

　이런 행동은 모두 부모를 기쁘게 해 드리려고 한 것이다.

● 노래자(老萊子) : 춘추(春秋) 시대 초(楚) 나라 사람으로 도가(道家)에 속하는
인물.

2
● ● ● ● ●
내 몸은 부모가 주셨으니

악정자춘(樂正子春)이 마루에서 내려가다 헛디뎌 발을 다치고는, 몇 달 동안 문 밖에 나가지 않았다.

제자가 "스승님께서는 발이 다 나았는데도 왜 문 밖에 나가지 않으십니까. 그리고 얼굴에는 근심하는 빛이 있으시니 어인 까닭입니까?" 하고 물었다.

"나는 나의 스승이신 증자께 배웠고, 증자께서는 또 당신의 스승이신 공자께 이렇게 배웠다. '하늘이 내시고 땅이 기르는 것 가운데 사람이 가장 귀한 존재이다. 부모가 나를 온전하게 낳아 주셨으니, 나는 몸을 온전히 해야 효도라고 말할 수 있다. 형체를 손상시키지 않고, 몸을 욕되게 하지 않아야 온전하다고 말할 수 있다.' 하셨다. 그러므로 발걸음을 한두 발짝 옮기는 동안이라도 효를 잊어서는 안 된다. 그런데 나는 효의 도리를 잊고 발을 다쳤으니 어찌 얼굴에서 근심하는 빛을 지울 수 있겠는가. 발을 한 발짝 옮길 때라도 부모의 몸임을 잊지 말고 조심해야 한다. 그래서 우리는 큰 길로만 다니고 지름길로는 다니지 않으며, 물을 건널 때는 배를 타고 건너고 헤엄쳐서 건너지 않는 것은 부모가 주신 몸이므로 위태로운 일을 해서는 안 되기 때문이다. 한 마디 말을 입

133

밖에 낼 때라도 효를 잊지 말고 항상 조심해야 한다. 그러므로 나
쁜 말이 입에서 나오지 못하게 하며, 분노의 말이 내 몸 안으로 들
어오지 않게 해야 한다. 내 몸을 욕되게 하지 않으며, 부모를 부끄
럽지 않게 하면 효도했다 말할 수 있다."

● 악정자춘(樂正子春) : 전국 시대의 노(魯)나라 사람이며, 증자(曾子)의 제자로
악정은 성(姓)이며 자춘은 이름이다.

3
● ● ● ● ●
어머니 회초리에 힘이 없으시니

한(漢)나라 때 사람 한유의 어머니는 아들이 장성한 뒤에도 아들이 잘못을 저지르면 종아리를 때려 훈계했다.

어느 날 아들이 잘못을 저지르자 종아리를 때렸는데, 종아리를 맞은 아들이 전과 달리 엉엉 울었다.

"지금까지는 종아리를 맞아도 울지 않더니 오늘은 무슨 까닭으로 우느냐?"

하고 어머니가 물었다.

"지금껏 어머니의 회초리는 언제나 아팠는데, 오늘은 어머니께서 늙으셔서인지 회초리에 힘이 없어 저를 아프게 때리지 못하시니 그것이 슬퍼서 울었습니다."

하고 한유는 더욱 서럽게 울었다.

● 한유(韓愈) : 중국의 한(韓)나라 사람. 백유(伯愈)라고도 하는데 백은 맏아들이라는 뜻이다.

4
• • • • •
이러시면 안 됩니다

송(宋)나라 여릉왕은 아버지 무제(武帝)의 상중에 신하들을 시켜 고기와 생선, 좋은 음식을 장만하게 하고, 휘장을 둘러쳐 요리할 장막까지 세웠다.

유침이 찾아오니 술을 따뜻하게 데우고, 조개를 구워 오도록 신하에게 명했다.

유침이 "지금 상중이시니 이렇게 음식을 내놓아서는 안 됩니다." 하고 말하자, 여릉왕은 "우리는 다 한 집안 같으니 이상한 생각은 하지 말기 바라네." 했다.

이러는 동안 술이 들어왔다. 유침은 자리에서 일어나며 "공께서는 이미 예법을 버리셨을 뿐 아니라 나에게도 예법을 지키지 못하게 하고 있습니다." 말하고는 자리를 박차고 나와 버렸다.

● 사마온공

● 여릉왕(盧陵王) : 송(宋)나라의 왕으로 이름은 의진(義眞).
● 유침(劉湛) : 자는 홍인(弘仁). 송나라 무제(武帝)의 신하.

5
• • • • •
유랑 생활 중에도 어머니를 잘 봉양한 강혁

동한(東漢)의 산동 사람 강혁은 어려서 아버지를 여의고 홀어머니를 모시고 살았다.

세상이 어지러워지자 도둑떼가 여기저기서 일어났다.

강혁은 어머니를 업고 피난 길을 떠났다. 풀뿌리를 캐고 나무 열매를 따 어머니를 봉양했다.

여러 차례 도둑떼를 만났다. 도둑이 협박하여 끌고 가려고 하면, 강혁은 눈물을 흘리면서 어머니를 모시고 있음을 말했는데, 그 말씨와 태도가 어찌나 간절한지 도둑들이 감동하여 안전한 곳으로 가는 길을 가르쳐 주기까지 했다.

유랑 생활은 힘들어서 옷도 제대로 걸치지 못하고 신발도 없이 맨발로 다니면서 품팔이를 해 어머니를 봉양했다. 그러나 어머니를 편안하게 모시는 데 필요한 음식이나 의복 등은 모자란 것이 없었다.

● 강혁(江革) : 자는 차옹(次翁). 동한(東漢) 때의 산동(山東) 사람.

6
. . . . .
계모를 극진히 모신 왕상

왕상은 어머니를 일찍 여의고 계모 밑에서 자랐다. 계모는 왕상을 미워해서 항상 나쁘게 말했다. 아버지는 계모의 말만 듣고 아들을 미워해서 마굿간 청소 같은 힘든 일만 시켰다. 그러나 왕상은 조금도 서운해하지 않고 부모 말씀을 고분고분 잘 들었다.

어느 해 추운 겨울, 계모가 잉어를 먹고 싶다고 하자, 왕상은 잉어를 잡으러 강으로 갔다. 강은 꽁꽁 얼어 있었다. 왕상은 잉어를 잡으려고 얼음을 깼다. 그런데 갑자기 얼음이 저절로 녹아 깨지면서 잉어 두 마리가 강에서 튀어나왔다. 왕상은 잉어를 가져다 계모에게 드렸다.

어느 날은 계모가 참새구이를 먹고 싶다고 했다. 왕상이 참새를 잡으려고 장막을 쳐 놓았더니 수십 마리가 장막 안으로 날아 들어왔다. 왕상이 참새를 잡아 구워서 계모에게 드렸다.

마을 사람들이 이 소문을 듣고, 지극한 효성이 하늘을 감동시켜 그런 일이 일어난 것이라고 감탄했다.

● 왕상(王祥) : 자는 휴징(休徵 : 185~269). 낭야(琅琊) 사람. 효자로 유명하다.

7
• • • • •
비명에 죽은 아버지를 섬긴 왕부

왕의는 위(魏)나라 장군 사마소(司馬昭)의 참모로 있었다.
동관 싸움에서 패한 사마소가 참모들에게 물었다.
"이번 싸움에서 진 책임은 누가 져야 하는가?"
왕의가 "그 책임은 원수에게 있습니다." 하고 대답했다.
사마소가 크게 화를 내며 "너는 책임을 나에게 뒤집어 씌우려
는가." 하고는 밖으로 끌고 나가 목을 쳐서 죽였다.
왕의의 아들 왕부(王裒)는 아버지가 비명에 죽은 것을 몹시 슬
퍼하여, 시골에 숨어 살면서 젊은이들을 가르치는 데 전념했다. 나
라에서 세 번 부르고, 지방 관청에서 일곱 번 불렀으나 모두 거절
하고 끝내 벼슬살이에 나가지 않았다.
왕부는 아버지의 묘 곁에 조그마한 띠집을 짓고 살면서 아침 저
녁으로 묘 앞에 꿇어앉아, 잣나무를 끌어안고 소리내어 울었다. 그
가 흘린 눈물이 잣나무를 적셔 잣나무가 시들 정도였다.
왕부는 시경(詩經)을 읽다가 '슬프고 슬프도다. 부모님 나를 낳
으심이 수고로우셨네.' 라는 구절에 이르면 언제나 세 번 되풀이
하여 외우고 눈물을 흘렸다. 그래서 그의 제자들은 이 시를 읽지
않았고 아예 책에서 빼 버렸다.

139

왕부는 가족이 먹을 만큼만 농사를 지었으며, 의복도 필요한 분량을 셈하여 그만큼만 누에를 쳤다. 누가 도와 주려 해도 모두 사양했다.

사마소의 아들이 위나라를 쳐 쓰러뜨리고 천자가 되었는데, 왕부는 그 후 죽을 때까지 사마씨가 있는 서쪽을 마주 하고는 앉지 않아, 자신은 사마씨가 세운 진(晉)나라를 섬기지 않겠다는 뜻을 분명히 했다.

● 왕부(王裒) : 자는 위원(偉元)이다. 중국 남북조 시대의 위(魏)나라 사람.

● 최관(崔琯) : 당(唐)나라 사람. 자는 종율(從律). 하북(河北) 사람. 산남서도절도사(山南西道節度使)가 되었으므로 최산남(崔山南)이라고 한다.

8
●●●●●
시어머니에게 젖을 먹인 며느리

당(唐)나라 때 사람 최관(崔琯)의 집안은 형제와 자손 들이 높은 관직에 올라, 고을 안에서 겨룰 만한 집안이 없을 만큼 번성해서, 영화로운 생활을 하고 있었다.

최관의 증조할머니 장손부인(長孫夫人)은 늙어서 이가 다 빠지고 없어 음식을 먹지 못했다. 장손부인의 며느리인 최관의 할머니 당부인(唐夫人)은 효성을 다해 시어머니를 섬겼다.

아침마다 머리를 가지런히 빗고 옷을 단정히 바로잡은 다음, 시어머니가 거처하는 방 앞 섬돌 아래 마당에서 절을 올려 아침 문안을 드리고는, 마루로 올라가 시어머니에게 젖을 먹였다. 그리하여 장손부인은 여러 해 동안 곡식을 먹지 않았는데도 건강했다.

장손부인이 임종을 맞이하게 되어 집안의 자손들 모두가 장손부인의 머리맡에 모였다. 장손부인이 이렇게 유언을 남겼다.

"내가 며느리에게 입은 은혜를 갚을 길이 없다. 너희들도 모두 이 며느리처럼 어른을 정성으로 모시어 효도를 다하기를 바란다. 그렇게 하면 우리 최씨 집안은 영화로움이 대대로 그치지 않을 것이다."

9
• • • • •
아버지의 변을 맛본 유검루

제(齊)나라 사람 유검루가 잔릉현 현령이 되어 임지로 떠났다. 임지에 도착한 지 채 열흘도 못 되어 고향에 계신 아버지가 병이 들었다.

유검루는 갑자기 가슴이 두근거리고 온몸에 땀이 흘러, 그 날로 벼슬을 버리고 집으로 돌아갔다. 그가 홀연히 돌아오니 가족들은 모두 놀랐다.

의원이 "환자의 병이 나아 가는지 아니면 깊어 가는지 알려면 환자의 변을 맛보아 그 맛이 달콤하면 나아 가는 것이고 쓰면 깊어 가는 것이다."고 했다.

아버지가 설사를 하자 유검루가 얼른 손가락에 찍어서 맛을 보니, 그 맛이 달고 미끄러웠다.

유검루는 밤마다 북극성을 향하여 이마를 땅에 찧고 절을 하면서 자신의 몸으로 아버지의 병을 대신하게 해 달라고 빌었다.

● 유검루(庾黔婁) : 자는 자정(子貞). 중국 남조(南朝) 시대 제(齊)나라 사람.

10
• • • • •
어머니를 매장할 수 없어 죄인으로 지낸 하자평

송(宋)나라 때 현령을 지낸 하자평(何子平)이 어머니의 상을 당하고는 장례를 치르기 위해 사직하고 고향으로 돌아갔다.

어머니의 죽음을 슬퍼함이 지나쳐 예의 한도를 넘었다. 발을 구르고 몸부림치면서 울다가 기절하고, 한참 후에 겨우 숨을 내쉬며 정신을 차리고는 했다.

마침 그 때 흉년이 든데다 전란이 그치지 않아 8년 동안이나 돌아가신 어머니의 시신을 매장할 수가 없었다.

하자평은 어머니가 처음 돌아가셨을 때와 똑같이 어깨를 드러내고 머리를 묶은 채로 밤과 낮을 가리지 않고 슬피 울부짖으며 통곡했다.

추운 겨울에도 솜옷을 입지 않았으며, 더운 여름에도 서늘한 그늘을 찾지 않았다.

하루에 한 홉 정도의 쌀로 죽을 쑤어 먹었으며, 소금과 채소 같은 것은 입에 대지 않았다.

거처하는 곳은 지붕이 헐고 무너져 내려 비바람을 막을 수도 따가운 햇볕을 가릴 수도 없었다.

조카가 차마 볼 수 없어 지붕을 고치려 했더니, 하자평이 "나는

143

장례를 치르지 못했으니 큰 죄인이다. 죄인이 어찌 편하고자 지붕을 덮을 수 있겠느냐." 하고 말렸다.

얼마 후 새로 태수가 부임했는데, 하자평의 이야기를 듣고는 크게 감동하여 어머니의 묘지를 마련해 주고 매장을 하게 했다.

● 하자평(何子平) : 회계(會稽) 사람.

144

11
• • • • •

어렸을 때 헤어진 어머니를 찾은 주수창

송(宋)나라 사람 주수창(朱壽昌)의 나이 일곱 살 때, 옹주 태수
를 지낸 아버지가 주수창의 생모 유씨를 버렸다. 그 때 헤어진 모
자는 수십 년 동안이나 소식을 모르고 살았다.

주수창은 나이 50이 되자 관직을 버리고 어머니 찾는 일에 전
념했다. 술과 고기를 입에 대지 않았고, 다른 사람과 이야기를 나
누다가도 눈물을 흘리고는 했다.

주수창은 가족들과 헤어지며 "어머니를 찾지 못하면 다시 집에
돌아오지 않으리라."고 했다.

어머니를 찾아 천하를 떠돌아다니다가 동주(同州)라는 곳에 이
르러 마침내 어머니를 찾을 수 있었다. 그 때 어머니 나이는 일흔
이 넘었다.

태수가 이 사실을 황제에게 보고했다. 황제는 주수창을 불러 옛
관직을 다시 내렸으나 주수창은 사양하고, 동주에서 어머니를 모
시고 살면서 그 고을의 하급 관리로 일했다. 이로 인해 세상 사람
들이 주수창의 효심을 모두 알게 되었다.

주수창은 어머니가 개가하여 낳은 자식들을 모두 자기 곁으로
데리고 와서 돌보며 살았다.

몇 년 후 어머니가 돌아가시자, 주수창은 너무 많이 울어서 시력을 거의 잃을 정도가 되었다.

어머니가 돌아가신 후에도 동생들을 더욱더 사랑하여 극진히 돌보았고, 그들에게 밭과 집을 사 주어 굶주리거나 헐벗지 않고 살 수 있게 해 주었다.

주수창은 일찍 세상을 뜬 형의 두 딸을 친딸처럼 키워 시집보냈으며, 집안 사람 가운데 가난하여 장례를 치르지 못한 이를 도와 장례를 치르게 해 준 것이 열 건이 넘었다.

그의 타고난 성품이 이와 같이 어질었다.

● 주수창(朱壽昌) : 자는 강숙(康叔). 양주(楊州) 사람.

12
• • • • •
세금을 면제받은 효부

한(漢)나라 때 회양 땅에 사는 한 소녀가 열여섯 살 되던 해에 시집을 갔는데, 아직 자식을 낳기도 전에 남편이 군에 징집을 당했다.

남편은 "내가 이제 떠나면 살아 돌아올지 죽어서 못 올지 알 수 없소. 나에게는 늙은 어머니를 모실 형제가 없으니, 혹 내가 죽어 돌아오지 못하더라도 당신이 어머니를 잘 모셔 주기를 바라오."

남편은 어머니를 부탁하고 국경 수비대로 떠나갔다가 전사하고 돌아오지 못했다.

며느리는 시어머니를 정성을 다하여 봉양했다. 시어머니도 며느리를 끔찍이 사랑했다. 두 고부는 길쌈을 하고 베를 짜 생계를 이어 갔다.

남편의 3년상을 마치자 친정 부모가 딸을 데려다가 다른 곳으로 시집을 보내려 했다.

"남편이 떠나갈 때 저에게 늙은 시어머니를 부탁했고, 저는 그러겠다고 약속을 했습니다. 늙은 시어머니 모시는 일도 다하지 못하고, 남편과의 약속도 지키지 못한다면, 내가 어찌 세상에 얼굴을 들고 다니겠습니까."

147

이렇게 말하고는 스스로 목숨을 끊으려 했다.

친정 부모는 더이상 시집가라는 말을 하지 못했다.

그녀는 시어머니를 정성을 다해 섬겼다. 그렇게 흐르고 흐른 세월이 28년, 시어머니는 나이 여든에 천명을 다하고 세상을 떴다. 며느리는 전답과 집을 팔아 시어머니 장례를 치르고, 3년상도 잘 치르고는, 끝까지 제사를 모셨다.

회양 태수가 이 일을 조정에 보고했다.

임금이 황금 40근을 며느리에게 하사하고, 죽을 때까지 모든 부역과 세금을 면제해 주니, 사람들이 그녀를 가리켜 효부라고 일컬었다.

13
•••••
목숨 걸고 시어머니를 지킨 효부

당(唐)나라 사람 정의종(鄭義宗)의 아내 노(盧)씨는 책을 많이 읽어 학식이 높았다.

어느 날 밤 수십 명의 떼강도가 손에 손에 몽둥이를 들고, 북을 울리고 고함을 지르면서 담을 넘어 들어왔다.

집안 사람들은 모두 달아나거나 몸을 숨겼다.

그러나 몸이 불편한 시어머니는 혼자서 방에 남아 있다가 도둑들에게 붙들렸다.

며느리 노씨는 도둑의 몽둥이와 칼날을 두려워하지 않고 달려가 시어머니를 몸으로 감싸며 지켰다.

노씨는 도둑의 몽둥이에 맞아 거의 죽게 되었다.

강도들이 물러간 뒤에야 집안 사람들이 몰려들었다.

"어찌하여 도둑을 무서워하지 않고 도둑과 맞섰는가." 하고 사람들이 나무랐다.

노씨는 이렇게 말했다.

"사람이 금수와 구별되는 것은 사람에게 인의(仁義)의 마음이 있기 때문입니다. 이웃이 위험에 처해도 달려가 구하는 것이 인의인데, 하물며 위험에 빠진 시어머니를 보고 어찌 모른 체 할 수가

149

있겠습니까. 만에 하나 시어머니께서 화를 당하신다면 어찌 며느
리인 나 혼자만 살아남을 수 있겠습니까."

● 정의종(鄭義宗) : 중국의 당(唐)나라 사람.

14
• • • • •
어머니에게는 닭고기를 손님에게는 나물 반찬을

동한(東漢) 때 사람 모용(茅容)이 청년 시절에, 친구들과 놀다가 비가 와서 나무 밑에 들어가 비가 그치기를 기다리고 있었다. 친구들은 모두 다리를 앞으로 쭉 뻗고 편안히 앉아 있는데 모용은 무릎을 꿇고 바르게 앉아 있었다.

곽임종(郭林宗)이 그 곳을 지나가다가 모용의 바른 자세를 기특하게 여겨 모용의 집에서 하룻밤 자고 가게 되었다.

이튿날 아침, 모용이 닭을 잡아 음식을 만들어 상을 차리고 있었다. 곽임종은 손님인 자기를 위해 닭을 잡아 상을 차리는 것으로 생각했다. 그러나 모용은 닭고기는 어머니에게 드리고, 곽임종과 자기는 나물 반찬으로 아침 식사를 했다.

곽임종은 모용에게 큰 절을 올리며 "당신은 참으로 훌륭한 사람이오." 하고 말했다.

곽임종은 모용에게 학문을 권하여 마침내 모용은 덕망 높은 훌륭한 인물이 되었다.

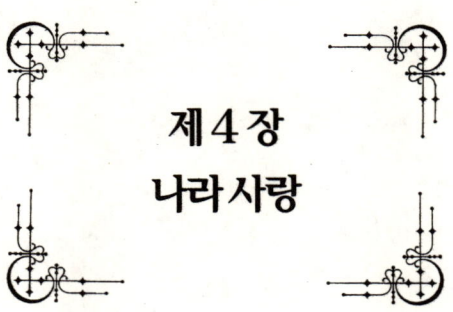

제4장
나라사랑

나라 일을 맡은 사람은, 첫째 청렴결백해
야 하고, 둘째 조심성이 있어야 하고, 셋
째 부지런해야 한다

제 1 절
신하는 임금을 어떻게 섬겨야 하는가

충신은 두 임금을 섬기지 않고

1
●●●●●
임금이 계신 곳에 가려면

임금이 계신 곳에 가려면 미리 목욕 재계하고, 사랑채에 머무른다.

문서 담당관이 상아로 만든 홀을 올리면, 임금에게 말씀드리려고 생각한 것을 적고, 임금이 물어 볼 것에 대비한 대답을 적고, 임금이 말씀하신 것을 받아 적을 준비를 한다.

옷을 입고 나서 용모와 몸가짐과 패옥 소리를 익히고 집을 나선다. ● 예기

● 예기(禮記) : 오경(五經)의 하나. 주(周)나라 말부터 진(秦)나라 한(漢)나라 시대의 유자(儒者)가 행해야 할 예절에 관한 것들을 수록한 책. 한나라 무제(武帝) 때 하간(河間)의 헌왕(獻王)이 고서(古書) 131편을 편술하여 뒤에 214편으로 된 대대례와, 대덕(戴德)이 85편으로 줄이고, 선제(宣帝) 때 그의 조카인 대성(戴聖)이 다시 49편으로 줄인 소대례(小戴禮)가 있다. 이 소대례가 지금의 예기이다.

2
· · · · ·
임금의 말씀을 전하는 사람은

임금의 말씀을 전하는 사람은, 임금의 말씀을 하룻밤도 집에서 묵히면 안 된다.

임금의 말씀을 받든 사람이 집에 이르면, 신하는 문 밖에 나가 절하고 임금의 말씀을 받는다.

사람을 임금이 계신 곳에 심부름 보낼 때는 반드시 조복을 갖추어 입고 가도록 한다. 심부름 갔던 이가 돌아오면 마루에서 내려서서 임금의 하회를 받는다. ● 곡례

● 곡례(曲禮) : 오경(五經)의 하나인 예기의 편명으로 예기 1,2편의 이름이다. 곡례는 상하 2편으로 이루어졌다. 곡례란 자상스러운 예절을 뜻하며 곡례의 조목은 3천 가지나 된다고 하였다. 곧 소소한 예.

157

3
· · · · ·
임금 앞에 선 공자의 몸가짐

임금이 공자에게 손님 접대하는 일을 맡겼다.

공자는 얼굴이 굳어진 것처럼 긴장하고, 발을 잘 옮기지 못하는 것처럼 조심조심 행동했다.

함께 일하는 사람에게 인사를 하는데, 왼쪽에 서 있는 사람에게는 왼손으로, 오른쪽에 서 있는 사람에게는 오른손으로 하는데도 옷의 앞뒤는 가지런하여 흐트러지지 않았다.

손님이 물러가면 임금께 복명하기를 "손이 뒤돌아보지 않았습니다." 하고 아뢰었다.

임금이 자리를 비웠어도 그 앞을 지나갈 때는 얼굴이 굳은 것처럼 긴장했고, 발을 잘 옮기지 못하는 것처럼 조심했고, 말을 아껴서 했다.

대궐문에 들어설 때는 몸을 구부리고, 마치 대궐문 안으로 들어서지 못하게 저지당하는 것처럼 신중히 했으며, 문의 한가운데에는 서지 않았고, 문지방은 밟지 않았다.

당(堂)에 오를 때는 옷자락을 걷어 들고, 몸을 구부리고, 숨을
죽여 마치 숨을 쉬지 않는 것처럼 했다.

임금 앞에서 물러날 때는, 한 계단 내려서서 무사히 일을 마쳐
기쁘다는 듯 비로소 얼굴을 폈고, 계단을 다 내려와서는 마치 새
가 날개를 편 것처럼 빠른 걸음걸이로 걸어갔다.

자기 자리에 돌아와서도 늘 조심스레 행동했다. ● 논어

● 논어(論語) : 사서(四書)의 하나. 공자의 언행이나 그의 제자들과의 문답과 제후
(諸侯)나 은둔자와의 문답 등과 또는 제자들의 문답 등을 기술한 것이다. 공자의 생
전부터 기록하여 공자가 죽은 뒤에 제자들에 의하여 편찬된 저서. 공자의 이상적 도
덕인 인(仁)에 대한 것과 정치 교육에 대한 공자의 의견들이 담겨 있다.

4
• • • • •
임금을 모시고 음식을 먹을 때

임금을 모시고 과일을 먹을 때는 과일에 씨가 있으면 그 씨를 품에 간직한다.

임금을 모시고 음식을 먹을 때 임금께서 먹고 남은 음식을 주시면, 깨끗이 씻을 수 있는 그릇이면 다른 그릇에 옮기지 않고, 깨끗이 씻을 수 없는 그릇이면 다른 그릇에 옮겨 담아 먹는다. ● 곡례

공자는 임금이 음식을 내려주시면 자리를 바르게 하고 먼저 맛보았으며, 임금이 날고기를 내려주시면 익혀서 조상의 사당에 바쳤다.

임금이 살아 있는 가축을 주시면 잡아먹지 않고 길렀다.

임금을 모시고 음식을 먹을 때는 임금이 제(祭:음식을 조금 덜어 처음으로 음식을 만든 이에게 보답하는 것)를 하면 공자는 먼저 밥을 먹었다. ● 논어

● 논어(論語):사서(四書)의 하나. 공자의 언행이나 그의 제자들과의 문답과 제후(諸侯)나 은둔자와의 문답 등과 또는 제자들의 문답 등을 기술한 것이다. 공자의 생전부터 기록하여 공자가 죽은 뒤에 제자들에 의하여 편찬된 저서. 공자의 이상적 도덕인 인(仁)에 대한 것과 정치 교육에 대한 공자의 의견들이 담겨 있다.

160

5
•••••
나아갈 때와 물러날 때

임금을 섬길 때는 충성을 다하고, 물러나서는 임금의 허물을 어떻게 하면 고쳐 줄 수 있을까를 생각한다. 임금이 잘한 일은 받들어 따르고, 임금이 잘못한 일은 바로잡아 주어야 한다.

임금은 신하를 예로써 대하고, 신하는 임금을 충성으로써 섬겨야 한다.

신하는 바른 도리로 임금을 섬기다가, 그 바른 도리를 펼 수 없을 때는 물러나야 한다. ● 공자

임금을 섬길 때는 임금을 속이지 말고, 임금의 노여워함을 두려워하지 말고 바른말을 올려야 한다. ● 공자

직무를 수행할 수 없을 때는 직책에서 물러나야 한다.

바른말을 해야 할 직책에 있는 사람은 자신의 말이 받아들여지지 않으면 그 자리에서 물러나야 한다. ● 맹자

6
• • • • •
충신과 열녀의 마음은

충신은 두 임금을 섬기지 않고, 열녀는 두 남편을 맞아들이지 않는다. ● 왕촉

● 왕촉(王蠋) : 전국 시대(戰國時代) 제(齊)나라 사람으로 연(燕)나라 장수 악의 (樂毅)가 제나라를 무너뜨리고 나서 왕촉의 어짊을 듣고 불렀을 때, 이 말을 남기고 죽었다.

7
•••••
밝은 데서나 어두운 데서나

위(衛)나라 임금 영공이 밤에 부인과 함께 있는데, 수레 지나가는 소리가 덜거덕덜거덕 들리더니 대궐 앞에 이르러 잠시 그쳤다가, 대궐을 지나서야 다시 소리가 났다.

영공이 부인에게 "지금 수레를 타고 지나간 사람이 누구인지 알겠소?" 하고 물었다.

부인이 "거백옥(蘧伯玉)일 것입니다." 하고 대답했다.

영공이 "어째서 거백옥이라고 생각하시오?" 하고 다시 물었다.

부인이 "제가 들으니 예법에 대궐 앞에서는 수레에서 내리는 것이 임금을 공경하는 마음이라고 했습니다. 진정한 충신과 효자는 밝은 데서 예절을 지키는 것처럼 어두운 곳에서도 바른 행실을 지키는 데 게을리하지 않습니다. 거백옥은 어진 사람입니다. 그는 어둡다고 해서 예절을 지키지 않는 일은 하지 않을 사람입니다. 그런 까닭으로 거백옥이 아닐까 미루어 짐작한 것입니다." 하고 대답했다.

영공이 사람을 시켜 알아보니 과연 거백옥이었다.

● 거백옥(蘧伯玉) : 춘추 시대 위(衛)나라 대부(大夫)로 이름은 원(瑗).

163

8
●●●●●
천자도 어려워한 신하 급암

한(漢)나라 무제(武帝)가 태자로 있었을 때, 태자세마(太子洗馬 : 태자가 외출할 때 앞장서는 일을 맡은 관직) 직을 맡은 이가 급암(汲黯)이었다.

급암은 성품이 올곧아서 사람들이 함부로 대하지 못했다.

무제의 외삼촌이 승상 자리에 있었는데, 아랫사람들이 공경하여 절하는데도 답례를 하지 않고 거만하게 굴었다. 급암은 승상에게 머리 숙여 절하지 않았고, 두 손을 마주 잡아 예를 표하는 대등한 예법으로 예를 지켰다.

급암은 노년에 몸이 자주 아팠다. 국법에는 관직을 맡은 이가 병이 들면 석 달간 휴직을 할 수 있고, 석 달이 넘어도 낫지 않으면 해임하게 되어 있었다. 급암이 병이 들어 휴직한 지 3개월이 가까워지면 무제는 휴가를 주어 쉬면서 병을 치료하도록 특별한 은전을 베풀었다. 그런 일이 여러 번 있었으나 급암의 병은 끝내 차도가 없었다.

한 신하가 무제에게 급암을 위해 마지막으로 은전을 베풀어 주기를 청했다.

무제가 그 신하에게 "급암은 어떤 사람이라고 생각하는가?" 하

164

고 물었다.

"급암에게 일반적인 일을 맡기면 다른 사람보다 특별히 뛰어나게 잘 해낼 만한 점이 없습니다. 그러나 나이 어린 임금을 보좌하고 왕업을 유지하는 일과 같은 중대한 임무를 맡기면, 스스로 용맹하다고 자처하는 그 어떤 자라도 급암의 정의를 지키는 굳은 마음을 꺾을 수는 없을 것입니다."

"잘 보았다. 옛날에 나라가 위기에 처했을 때 몸을 바쳐 사직을 지킨 신하가 있었다는데, 급암이 그런 인물이다."

무제는 대장군을 만날 때 평상에 걸터앉아 맞을 경우가 있었고, 승상을 맞을 때 더러는 관을 쓰지 않은 채 대하는 경우가 있었지만, 급암을 만날 때는 관을 쓰지 않거나 편안하게 앉아 대하는 일이 결코 없었다.

어느 날 무제가 무기를 보관하는 장막에 있는데, 급암이 급한 보고를 하기 위해 왔다. 관을 쓰지 않고 있던 무제는 급암을 보고는 급히 장막 안으로 들어가 숨고는 다른 사람을 시켜 급암의 보고를 듣게 했다.

무제가 급암을 존경하고 두려워하는 모습이 이와 같았다.

제 2 절
나라 일을 맡은 사람의 몸가짐

내 마음을 다 바쳐
조그마한 잘못도 저지르지 마라

1
· · · · ·
어떤 것을 위의(威儀)라 하는가

위나라의 양공(襄公)이 초나라에 갔을 때 그를 따라간 신하가,
초나라 정사를 집행하는 관리의 위의를 보고 양공에게 말했다.

"저 사람은 장차 화를 면치 못할 것입니다. 위의가 없으니 백성
이 본받을 것이 없고, 백성이 본받을 것이 없는 몸으로 백성의 위
에 있으니 제 명에 죽지 못할 것입니다."

양공이 그 말을 듣고 "그대 말이 맞다. 어떤 것을 위의라고 하
는가?" 하고 물었다.

"위엄이 있어 두려워할 만한 것을 위(威)라 하고, 행실이 훌륭
하여 본받을 만한 것을 의(儀)라고 합니다. 임금이 임금의 위의
를 갖추고 있으면 신하가 두려워하고, 그 위의를 신하가 본받아
법으로 삼기 때문에 나라를 보전하고 명성이 후세에 길이 전해집
니다. 신하가 신하의 위의를 갖추면 아랫사람이 두려워하고, 그
위의를 본받기 때문에 일족을 보존하고 집안을 편안하게 합니다.
임금에서 말단에 이르기까지 이와 같이 함으로써 윗사람과 아랫
사람이 단단한 위계 질서를 유지할 수 있습니다. 그러므로 훌륭한
인재가 벼슬자리에 오르면 나아가고 물러남에 법도가 있으며, 용
모와 거동이 보아 느낄 만하며, 일 처리가 명확해서 법이 될 만하

고, 행동이 어질어 본받을 만하고, 말소리와 기운이 즐거워할 만합니다. 동작에 예절이 있고, 말이 도리에 맞습니다. 이런 모습으로 아랫사람을 대하기 때문에 위의가 있다고 말하는 것입니다."

● 양공(襄公) : 위(衛)나라의 임금으로 이름은 악(惡).

169

2
• • • • •
내 마음을 다 바쳐라

나라의 임금을 섬길 때는 자신의 어버이를 섬기는 것과 똑같이
해야 한다.

상관을 모실 때는 자신의 형님을 모시는 것처럼 해야 하며, 동
료를 대할 때는 한 집안 식구처럼 대해야 한다. 부하 직원을 대할
때는 동생을 대하듯이 해야 한다.

백성 사랑하기를 자신의 처자를 사랑하듯이 해야 하며, 관청에
서 일을 처리할 때는 자신의 집안 일을 하듯 해야 한다.

이와 같이 한 후에야 내 마음을 다 바쳤다고 할 수 있다. 이 가
운데 털끝만큼이라도 소홀한 점이 있다면 내 마음을 다 바치지 않
았기 때문이다. ● 동몽훈

● 동몽훈(童蒙訓) : 3권(三卷)으로 되어 있다. 여본중(呂本中 : 1084~1138)의
저서. 여본중의 자는 거인(居仁). 북송(北宋)의 학자이며, 시인. 유안세(劉安世)의
학통을 이어 동래 선생(東萊先生)이라 불렸다.

3
• • • • •
윗사람과 의견 충돌이 있을 때는

어떤 사람이 이천 선생에게 물었다.

"저는 현에서 물품 출납을 맡은 관리입니다. 제가 하는 일에 대해 상관인 현령이 동의하지 않을 때, 하급 관리인 저로서는 어떻게 해야 하겠습니까?

이천 선생이 이렇게 대답했다.

"그대는 하급 관리로서 온 마음과 정성을 다하여 상관을 감동시켜야 한다. 상하가 서로 다투는 것은 서로 자기 주장만 고집하기 때문이다. 현령은 고을의 어른이다. 그대가 아버지나 형을 섬기듯이 현령을 섬기고, 혹 잘못이 있거든 그 책임을 그대가 지고, 좋은 일의 공적은 현령이 세운 것으로 돌려, 성의를 쌓아 간다면 반드시 현령을 감동시킬 수 있을 것이다."

● 이천(伊川) 선생 : 정이천(程伊川). 1033~1107. 중국 북송의 유학자 정이(程頤)를 말하며, 자는 정숙(正叔)이다. 정호(程顥)의 동생. 낙양(洛陽) 사람이다. 이천백(伊川伯)으로 봉해져 이천 선생이라고 부른다. 처음으로 이기(理氣)의 철학을 제창하였으며, 유학의 도덕에 철학적인 기초를 부여하였다. '역전(易傳)' '어록(語錄)' 등이 있고 시호는 정공(正公)이다.

4
· · · · ·
신임 관리의 마음 자세

　최하급의 신임 관리라도 진실로 백성을 사랑하는 마음을 가진
다면, 백성에게 많은 혜택을 줄 수 있다. ● 정명도

　● 정명도(程明道) : (1032～1085). 북송(北宋)의 유학자. 이름은 호(顥). 자는 백
순(伯淳). 하남 낙양(河南洛陽) 사람으로 명도 선생(明道先生)이라고 부른다. 처
음에는 아우인 이천(伊川)과 함께 송학(宋學)의 시조 주무숙(周茂叔)에게 배웠고,
나중에는 불로(佛老)에 출입하여 유학의 본의를 스스로 얻었다고 전해진다. 저서는
문인의 지침이 되는 '이정전서(二程全書)'가 있다.

5
· · · · ·
나라 일을 처리하는 자세

관리가 나라 일을 처리하는 데는 세 가지 지켜야 할 일이 있다.
첫째, 청렴결백해야 하고
둘째, 조심성이 있어야 하고
셋째, 부지런해야 한다.

나라 일을 맡은 사람은,
평범하지 않은 직업을 가진 사람, 이를테면 굿을 하는 무당이나,
여승, 중매쟁이 등과는 가까이 지내서는 안 된다. 마음을 맑게 하
고 직무에 충실할 것을 근본으로 삼아야 하기 때문이다.

나라 일을 맡은 사람은,
사리사욕에 눈이 어두워 자신의 욕심 채우기를 좋아해서는 안 된
다. 만약 사리사욕에 눈이 어두워 자신의 욕심 채우기를 좋아한다
면 아랫사람이 도둑질 해먹어도 막지 못하게 된다. 결국 비리가
밝혀지면 아랫사람이 저지른 일까지 내가 책임을 져야 하고 벌까
지 받아야 할 것이니 안타까운 일이다.

173

나라 일을 맡은 사람은,

심하게 화내거나 짜증부리지 말아야 한다. 옳지 않은 일이 있으면 자세히 살펴 처리해야지, 먼저 화부터 내면 나에게만 해로울 뿐 어찌 남을 해칠 수 있겠는가.

나라 일을 맡은 사람은,

오로지 성실함만을 생각해야 한다. 자기의 잘못을 감추기 위해 공문서에 씌어 있는 글자를 먹칠하여 못 알아보게 한다든지, 긁어 없앤다든지, 날짜나 달을 고친다든지 했다가 문서를 훼손한 사실이 드러나면 큰 화를 당할 것이다. ● 동몽훈

● 동몽훈(童蒙訓) : 3권(三卷)으로 되어 있다. 여본중(呂本中)의 저서. 여본중(呂本中 : 1084~1138)의 자는 거인(居仁). 북송(北宋)의 학자이며, 시인. 유안세(劉安世)의 학통을 이어 동래 선생(東萊先生)이라 불렸다.

174

6
• • • • •
조그만 잘못도 저지르지 마라

한(漢) 나라 때의 장군 곽광은 벼슬자리에 오른 지 20년이 넘었는데, 대궐문을 드나들 때 주의 깊게 살피고 조심하여 지금까지 조그마한 잘못도 저지르지 아니하였다.

그는 성격이 침착하고 조심성이 많아서 무슨 일이든 자세히 살펴서 처리했다.

곽광은 대궐을 드나들 때마다 대궐문 앞 일정한 곳에 수레를 세우고는 내렸다. 문지기가 남몰래 수레 세우는 곳에 표시를 해 두고 살폈는데, 단 한 번도 한 치의 어긋남이 없이 똑같은 곳에서 수레를 세우는 것이었다.

● 곽광(霍光) : 자는 자맹(子孟). 당시 대장군의 지위에 있었다.

7
· · · · ·
응시 자격을 속이는 행위

　송나라 때 건주(虔州) 사람 이군행이 아들과 함께 서울에 가다
가 사주(泗州)에 이르러 그 곳에 머물렀다.

　아들이 먼저 떠나겠다고 하니, 이군행이 그 까닭을 물었다.

　"과거 볼 날짜가 다가왔습니다. 서울에 가서 이 곳의 호적에 등
록하여 시험 자격을 받아 놓으려 합니다."

　"너는 건주 사람이다. 어찌 건주 사람이 이 곳 호적에 등록하려
하느냐. 네가 과거를 보려는 것은 관리로서 임금을 섬기고 나라를
위해 일하려는 것이 아니냐. 그런데 어찌 호적을 속인단 말이냐.
이는 옳은 일이 아니다. 차라리 몇 해 늦어지더라도 그런 일을 해
서는 안 된다."

　이군행은 아들의 응시를 허락하지 않았다.

● 이군행(李君行) : 군행은 자.

176

8
• • • • •
관리는 청빈한 것이 자랑이다

　관직에 나가는 최현위에게 어머니가 이렇게 말했다.

　"내가 이종오라버니 되는 이를 만나 보았는데, 그이가 '관직에 나간 자식이 있을 때, 그 집은 가난해서 살기가 어려운 모양이더라 하는 말이 들리면 이는 좋은 소식이요, 재물이 풍족하고 의복이 가볍고 말이 피둥피둥 살쪘더라 하는 말이 들리면 이는 좋지 않은 소식이다' 하고 말하더라. 내 생각에도 맞는 말인 것 같다. 어떤 부모들은 관직 생활을 하는 자식이 돈과 좋은 물건을 갖다주면 그저 좋아하고 기뻐할 뿐, 그것이 정당한 것인지 아닌지 알지 않을 뿐만 아니라 알려고 하지도 않는다. 그 돈이나 물건이 봉급에서 생활비로 쓰고 남은 것이라면 좋은 일이지만, 만약 뇌물이거나 도리에서 벗어난 일의 대가로 받은 것이라면 도둑질한 것과 다른 점이 무엇이겠느냐. 비록 큰 죄가 아니라 하더라도 떳떳한 일이라고는 할 수 없으니 속으로 부끄러워할 일이다."

　최현위는 이와 같은 어머니의 가르침을 받아, 청렴결백한 관리라는 칭찬을 받았으며, 훗날 재상의 자리에까지 올랐다.

● **최현위(崔玄暐)** : 이름은 엽(曄). 부릉(傅陵) 사람으로 재상을 지냄.

9
• • • • •
관리가 가슴에 새겨야 할 네 글자

진사 시험에 합격한 세 사람이 장관(張觀)에게 인사를 가서, 관리가 가져야 할 마음가짐에 대해 가르침을 청했다.

"나는 관리가 된 후부터 언제나 네 글자를 명심하고 실천하기를 힘써 왔다. 그 네 글자는 '부지런할 근(勤)' '조심할 근(謹)' '화합할 화(和)' '느릴 완(緩)' 이다."

그 중 한 사람이 "항상 부지런하라(勤), 언제나 조심하라(謹), 누구하고나 화합하라(和)는 뜻의 세 글자는 왜 명심해야 하는지 의미를 알겠는데 '느릴 완(緩)' 자에 대해서는 왜 명심해야 하는지 잘 모르겠습니다." 하고 물었다.

장관이 이렇게 대답했다.

"어진 선비에게 어찌 우물쭈물하며 일을 제때 처리하지 말라고 가르치겠는가. 다만 세상 일이란 덤벙대고 급히 서둘러 처리하면 실수하기 쉬운 법이니 그것을 경계해서 잘 살피고 여러 번 생각해서 실수하는 일이 없도록 하라는 뜻에서 '느릴 완' 자를 명심해야 하는 것이다."

● 장관(張觀) : 자는 사정(思正). 산서(山西)의 강주(絳州) 사람.

10
• • • • •
문왕의 나라 다스리는 법

우(虞)나라와 예(芮)나라는 국경 지역의 땅 문제로 오랫동안
다투어 왔다.

두 나라의 임금은 "주나라 문왕이 어진 사람이라고 하니 그에
게 물어 문제를 해결하자." 하고, 함께 주나라에 갔다.

주나라 땅에 들어서니, 밭을 가는 사람들은 이웃 밭의 주인에게
서로 밭이랑을 양보하고, 길을 가는 사람들은 서로 먼저 가라고
길을 양보했다.

도읍에 들어가니 남녀가 다른 길로 다니고, 머리가 허연 사람이
손에 물건을 든 경우를 보지 못했다.

대궐로 들어가니 벼슬아치들이 서로 승진하기를 사양했다.

이런 모습을 보고 두 나라의 임금은 감동하여 "우리는 소인이
다. 소인인 우리가 군자 나라의 뜰을 밟을 수 없다."고 말하고는,
돌아가 분쟁 지역의 땅을 서로 차지하지 않고 비워 두기로 했다.

이 소문을 듣고 40여 나라가 주나라에 귀속되기를 바랐다.

● 문왕(文王) : 성은 희(姬), 이름은 창(昌)이며 주(周)나라 임금.

11
•••••
백성이 일이 많으면

노(魯)나라의 공보문백이 퇴근하여 집에 오니 어머니가 길쌈을 하고 있었다.

문백이 "어머니, 어머니께서 웬 길쌈이십니까. 편안히 계시지 않구요." 하고 말하니, 어머니가 탄식하며 "노나라가 망하겠구나. 철모르는 아이를 벼슬자리에 앉혀 놓고 교육을 제대로 시키지 않고 있구나." 하고는 이렇게 아들을 가르쳤다.

앉아라, 내 너에게 말해 주겠다.

백성이 일이 많아 바쁘면 생각을 하게 되고, 생각을 하면 선한 마음이 생긴다. 편안해지면 음탕해지고, 음탕하면 선한 마음을 잊게 되고, 선함을 잊으면 악한 마음이 생기는 법이다.

비옥한 땅에 사는 백성이 나라의 재목이 되지 못하는 것은 음탕하기 때문이며, 척박한 땅에 사는 백성이 예의바르게 사는 것은 열심히 일하기 때문이다.

이런 까닭에 왕후는 손수 임금께서 쓰시는 관의 앞뒤에 드리우는 검은 술을 짜시고, 정경부인을 비롯하여 모든 아내들은 남편이 입을 관복을 손수 짓는다.

봄제사를 지내는 날에는 남녀에게 각기 일을 맡기며, 겨울제사를 지내는 날에는 공적(功積)을 바친다. 남자와 여자가 모두 공적을 평가받아 허물이 있으면 벌을 받는 것이 옛날의 법이다.

네가 나에게 "아버지께서 세우신 법도를 버리지 마십시오." 하기를 바랐는데 너는 "어찌 편안히 지내지 않습니까." 하고 말하는구나.

네가 그런 생각으로 임금을 모시는 벼슬자리에 있다면 네 아버지의 이름을 더럽힐까 두렵구나.

● 공보문백(公父文伯) : 노(魯)나라의 대부로 이름은 촉(歜)이며, 그의 어머니는 경강(敬姜)이다.

12
•••••
총애받는 사람이 빠지기 쉬운 잘못

위(衛)나라 장공은 총애하는 첩이 낳은 아들을 사랑하여 병기를 가지고 싸우는 장난을 좋아해도 말리지 않았다.

한 신하가 장공에게 간곡히 말했다.

"임금이 아들을 사랑하되 잘못된 길로 들지 않도록 가르쳐야 합니다. 총애받는 이가 빠지기 쉬운 잘못된 길이란 교만하고, 사치하고, 음란하고, 방탕한 네 가지를 말합니다.

자식이 잘못된 길로 빠지는 것은 총애가 지나치기 때문입니다. 총애를 받고 교만하지 않은 사람은 드물며, 교만하면서 교만심을 억누르는 자는 드물고, 교만한 자에게 억눌림을 당하고도 반감을 품지 않는 사람은 드물고, 반감을 품고 있으면서 자중하는 사람은 드뭅니다.

천한 자가 귀한 자를 방해하고, 젊은이가 어른을 업신여기고, 친하지 않은 사람이 친한 사람을 이간시키고, 사귄 지 얼마 되지 않은 사람이 오래 사귄 사람을 이간시키고, 작은 것이 큰 것 위에 서고, 음란한 것이 정숙한 것을 파괴하는 것을 일러 여섯 가지 역리(逆理)라 합니다.

임금은 의롭고, 신하는 충성하고, 아버지는 자애롭고, 아들은 효

182

도하고, 형은 사랑하고, 아우는 공경하는 것을 가리켜 여섯 가지 순리(順理)라 합니다.

　순리를 버리고 역리를 본받으면 재앙을 부릅니다.

　임금에게는 닥쳐올 재앙을 힘써 없애야 할 의무가 있는데 도리어 재앙을 부르는 것은 옳지 않은 일이 아니겠습니까."

● 장공(莊公) : 위(衛)나라 임금으로 이름은 양(揚).

183

13
• • • • •
하늘이 알고 신이 알고 내가 아는데

왕밀(王密)이 양진의 추천으로 지방 장관이 되었다.

왕밀이 양진을 찾아가 고맙다는 인사를 드리면서 황금 10근을 주었다.

양진은 황금을 받지 않고 이렇게 말했다.

"나는 그대의 사람 됨을 잘 알고 있는데 어찌하여 그대는 나의 사람 됨을 몰라 주는가."

"어두운 밤인데 누가 알겠습니까. 넣어 두시지요."

"하늘이 알고, 신이 알고, 내가 알고, 그대가 아는데, 어찌 아는 사람이 없다고 하는가."

이 말을 듣고 왕밀은 부끄러워하면서 아무 말도 못 하고 그대로 물러나왔다.

● 양진(楊震) : 50~124. 한나라 때 사람. 자는 백기(伯起). 섬서(陝西) 사람.

● 도간(陶侃) : 257~332. 진(晉)나라 때 사람이며, 자는 사행(士行). 도연명의 증조부. 벼슬이 태위에 이르렀다.

184

14
• • • • • •
단 1분의 시간이라도 아껴라

시인으로 알려진 도연명의 증조부 도간(陶侃)이 광주 자사로 있을 때, 일이 없어 한가할 때는 벽돌 100장을 집 밖으로 옮기고, 다시 그것을 집 안으로 옮겨 놓았다. 어떤 사람이 그렇게 하는 까닭을 물었다.

"나는 이제 나라 일을 보는 막중한 자리에 앉았다. 지나치게 몸을 편안히 하면 마음이 해이해져서 큰 일을 하는 데 견뎌 내기 어렵게 된다."

도간은 후에 형주 자사가 되었다. 하루종일 무릎을 모으고 바르게 꿇어앉아서 조금도 흐트러짐이 없이 아무리 바쁠 때라도 꼼꼼하게 일을 처리했다.

여러 지방에서 올라오는 공문서는 반드시 자신이 직접 답장을 썼고, 방문객은 가깝게 지내는 사람이 아니라도 모두 불러들여 만나 봄으로써 문 앞에서 오래 기다리는 사람이 없도록 했다.

부하 직원이 잡담이나 지껄이며 노는 데 정신이 팔려 맡은 일을 게을리하는 자가 있으면, 술잔과 바둑 장기 등을 모두 몰수하여 양자강에 던져 버렸고, 그 같은 행위를 한 사람은 회초리로 종아리를 쳐 훈계했다.

185

15
• • • • •
나라 일을 맡은 사람이 직무를 수행하는 데는

유중영은 절도사로서 임무를 이렇게 수행했다.

가난한 사람 구제와 고아 보호를 먼저 하고, 홍수나 가뭄의 재
해가 있을 때는 헐벗고 굶주려 고통을 당하기 전에 의복과 식량
을 빌려 주었다.

군량미는 품질이 좋은 곡식으로 충분한 양을 저장했고, 세금을
제때에 내지 못하는 가난한 사람에게는 납기를 연기해 주거나 면
제해 주었다.

공용 숙소를 잘 손질하여 항상 깨끗하게 정돈하고, 손님을 초대
하거나 연회를 베풀 때와 군대를 위로하는 잔치를 베풀 때는 화
려하고 성대하게 했다.

아버지를 여읜 가난한 집안의 딸로서 시집갈 나이가 되었는데
도 시집을 가지 못하고 있으면 신랑감을 정해 주고, 자신의 봉급
에서 혼수를 마련하여 시집을 보내 주었다.

후임자와 교대할 때는 창고의 식량이나 재물 등이, 자신이 부임
했을 때보다도 더 많이 쌓여 있도록 했다.

● 유중영(柳仲郢) : 자는 유몽(諭蒙). 유공작의 아들.

186

16
●●●●●
70만 냥짜리 비녀

왕애(王涯)는 재상의 지위에 있었다. 그는 소금과 철의 이권을 장악하고 있어서 부귀함이 극에 달했다. 어느 날 시집간 딸이 친정에 와서 아버지에게 비녀 하나를 사달라고 했다.

"아주 기이하고 정교하게 잘 만들어진 비녀가 70만 냥이라고 하는데 아버지께서 저에게 사 주실 수 있습니까."

"70만 냥이면 이 애비의 한 달 봉급에 해당하는 돈이다. 너를 위해 그 정도의 돈을 쓴다고 해서 아까울 것은 없지만, 비녀 하나에 70만 냥이라면 불길한 물건이 아니겠느냐. 그 비녀는 반드시 재앙을 가져올 것이다."

딸은 아버지의 말을 듣고는 비녀를 사 달라고 조르지 않았다.

그 후 몇 달이 지난 후, 왕애의 딸이 어느 집 혼인 잔치에 갔다 와서 "아버지, 지난 번 말씀드렸던 그 비녀를 풍구(馮球)의 아내가 갖고 있었습니다." 하고 말했다.

풍구는 원외랑(員外郞)이라는 하급 관료인데, 그의 아내가 70만 냥짜리 비녀를 꽂고 다닐 만큼 사치를 한다면 풍구는 도저히 그 자리를 오래 지키지 못할 것이라고 왕애는 말했다.

풍구는 재상 자리에 있는 가속(賈餗)의 문하가 되어 그 집에 자
주 드나들었다.

어느 날 가속의 하인 중에 주인의 위세를 믿고 거들먹거리는 자
가 있어, 풍구가 그를 꾸짖었다.

그 뒤 열흘이 채 못 되어 풍구가 가속을 뵈러 갔는데, 두 사람의
하녀가 술을 권했다. 풍구는 그 술을 마시고는 죽고 말았다. 가속
은 풍구의 죽음을 애석해했으나 그가 죽은 까닭은 알지 못했다.

풍구는 원외랑이라고 하는 낮은 지위에 있으면서 자기의 아내
조차 바르게 다스리지 못하면서, 섬기는 주인에게 충성하려다가
스스로 멸망하게 된 것이다.

가속은 자기의 하인들이 자기 집에 드나드는 손님을 자기 집 안
에서 죽였는데도 그 까닭을 모르고 있었으니 참다운 주인의 도리
를 다하지 못했다 할 것이다.

● 왕애(王涯) : 자는 광진(廣津). 당(唐)나라 문종(文宗) 때의 재상.
● 가속(賈餗) : 자는 자미(子美). 재상을 지냄.

17
· · · · ·
사치한 생활을 검약한 생활로 바꾸기는 어렵다

송(宋) 나라 때 하북 사람 장지백(張知白)은 재상이 되었는데도 젊은 시절 지방의 하급 관리로 있었을 때와 다름없이 검소하게 살았다.

장지백의 친구가 이렇게 말했다.

"그대는 벼슬이 일국의 재상 자리에 올라 나라에서 받는 녹봉만도 꽤 많을 터인데 이와 같이 검소한 생활을 하고 있소이다. 비록 그대는 청렴하고 검약한 생활을 한다고 할지라도, 세상 사람들은 일부러 보잘것 없는 베옷을 입고 남에게 청렴결백한 것처럼 보여 사람들을 속이는 것이라고 생각할 것이오. 그대도 다른 사람들처럼 하고 사는 것이 좋을 듯하오."

이 말을 듣고 장지백은 탄식하며 말했다.

"나의 지금 녹봉으로 우리 가족이 호의호식하며 사는 데 결코 부족하지 않소이다. 그러나 생각해 보면 검약한 생활에서 사치한 생활로 옮기는 데는 아무런 불편이 없으나, 사치한 생활에서 검약한 생활로 바꾸기는 참으로 어려운 일이오.

나의 지금 녹봉이 언제까지나 이대로일 것이라고 장담할 수 없으며, 이 몸이 언제까지나 건재하리라는 보장도 없지 않겠소.

　혹시라도 하루아침에 지금의 자리를 잃었다고 할 경우, 내 가족들이 오랫동안 사치한 생활을 해 왔다고 한다면 갑자기 검약한 생활을 할 수 없을 것이며, 몸 붙일 곳을 잃어버릴 것이오. 그것에 비한다면 내가 이 벼슬자리를 지키고 있거나 이 벼슬자리를 잃거나, 또 살아 있거나 죽어 없어지거나 아무 변화 없이 같은 나날을 보내는 편이 훨씬 좋을 것이라고 생각하오.”

● 장지백(張知白) : 송(宋)나라의 장문절공(張文節公). 자는 용회(用晦). 하북(河北) 사람. 시호는 문절.

18
● ● ● ● ●
관리가 손님을 대접할 때는

사마온공(司馬溫公)의 아버지가 지방 관리로 있을 때, 손님이 찾아오면 언제나 술을 대접했다.

술잔은 주객 사이를 세 번이나 혹은 다섯 번을 돌려 가며 마셨다. 아무리 많아도 일곱 번을 넘기지 않았다.

술은 장에서 파는 보통 술을 사고, 안주로는 배, 밤, 대추, 감 같은 제철에 나는 과일과 말린 고기, 젓갈, 나물국으로 했다. 술잔은 사기그릇과 옻칠한 나무그릇을 썼다.

참으로 많은 모임을 가졌는데도 항상 대접하는 음식은 소박했지만, 예의를 다한 대접과 주고받는 정은 깊고 두터웠다.

요즘에는 궁중에서 담그는 향기로운 술, 먼 지방에서 가져온 진기한 과일, 기름진 음식을 상다리가 부러지게 차려서 손님을 대접한다. 혹시라도 그렇게 하지 않으면 초대받은 사람들이 앞다투어 인색하다고 욕을 해댄다. 그렇기 때문에 대부분의 사람들은 어쩔 수 없이 사치스럽고 호화롭게 생활을 하게 된다.

높은 자리에 있는 이가 이와 같은 풍속을 금할 수는 없을지라도, 태연히 조장하는 일은 없어야 할 것이다.

제 3 절
충성으로 임금을 섬긴 사람들

네가 어찌 살아서 돌아오느냐

1
· · · · ·
세 사람의 어진 신하

은나라 임금 주(紂)가 상아로 젓가락을 만들어 쓰는 것을 보고
그의 친척인 기자(箕子)가 탄식하며 말했다.

"임금이 상아로 젓가락을 만들어 쓰니 이제는 옥으로 술잔을 만
들어 쓰겠구나. 옥으로 술잔을 만들고는, 먼 나라에서 나는 진기
하고 괴이한 물건을 구해 쓰려 할 것이다. 수레며 말이며 궁실을
사치스럽게 꾸밀 징조가 이 상아 젓가락에서 싹터 끝내 구제할 수
없게 될 것이다."

주가 음란하고 방탕한 생활을 하여 기자가 그러지 말라고 바른
말을 했으나 듣지 않고 기자를 옥에 가두었다. 주위의 사람들이
기자에게 주를 버리고 다른 나라로 떠나라고 권했다.

기자는 "신하가 되어 임금이 내 말을 들어 주지 않는다고 다른
나라로 떠난다면, 임금의 잘못을 세상에 드러내고 나만 백성에게
인기를 얻을 것이 아닌가. 나는 차마 이 나라 땅을 떠날 수가 없
다." 하고는 머리를 풀어 헤쳐 미친 사람 행세를 하고, 거문고를
타면서 괴로운 마음을 달랬다.

왕자 비간(比干)은 주의 친척이다.

194

　기자가 바른말을 하다가 버림받은 것을 보고도 "임금이 허물이 있는데도 죽음으로써 허물을 바로잡지 않으면, 누가 백성의 고통을 덜어 주겠는가." 하고는 주에게 바른말을 했다.

　주가 노하여 "네가 마치 성인이나 된 듯 내 허물을 들추는구나. 내가 들으니 성인의 심장에는 구멍이 일곱 개 있다는데, 그게 정말이냐?" 하고는 비간을 죽여 심장을 꺼내 갈랐다.

　주의 배다른 형인 미자(微子)는 "임금과 신하는 의(義)로써 맺어진다. 그러므로 신하는 임금에게 세 번 간하고, 그래도 듣지 않으면 그 의를 끊을 수 있다." 말하고는 주를 버리고 다른 나라로 떠나고 말았다.

　공자는 "은나라에 어진 신하가 세 사람 있었다."고 말했다.

● 기자(箕子) : 기주(箕周)에 봉해지고 자작(子爵)이었으므로 기자라 불렀다. '기'는 나라 이름. 은(殷)나라가 망한 뒤 우리 나라로 들어왔다는 '기자동래설(箕子東來說)'이 있다.
● 주(紂) : 은(殷)나라 마지막 임금. 폭군(暴君)으로 알려짐. 주(周)나라 무왕(武王)에게 토벌당함.

2
• • • • •
백이와 숙제의 의리

주나라 무왕(武王)이 종주국인 은나라의 폭군 주(紂)를 치러 갈 때, 백이와 숙제가 말고삐를 붙잡고 '종주국을 치는 것은 옳지 않다'고 간하므로, 좌우에서 죽이려 했다.

강태공(姜太公)이 "이들은 의로운 사람이니 죽여서는 안 됩니다." 하고는 그들을 돌려보냈다.

무왕이 은나라를 평정하고 주를 토벌하니 천하가 주나라를 종주국으로 받들었다.

백이와 숙제는 의리상 주나라의 곡식을 먹을 수 없다 하여, 수양산에 숨어들어가 고사리를 꺾어 먹고 살다가 마침내 굶어 죽고 말았다.

● 백이 · 숙제(伯夷 · 叔齊) : 고죽군(孤竹君)의 두 아들. 청렴결백한 사람의 대명사로 일컬어진다.

196

3
주인의 원수를 갚으려 한 예양

진(晋) 나라 때 조양자(趙襄子)가 지백(智伯)을 죽여 그 머리에 옻칠을 해서 술 마시는 그릇을 만들었다.

지백의 부하 예양(豫讓)이 주인의 원수를 갚기 위해 비수를 품에 품고, 천한 일을 하는 사람으로 변장하여 조양자의 집에 숨어들어갔다. 예양은 뒷간의 벽을 고치는 일을 하며 기회를 노렸지만 그만 신분이 탄로나 붙잡히고 말았다.

"지백에게 자손이 없는데, 네가 주인의 원수를 갚으려 하니 참으로 의리 있는 사람이다. 너 같은 의리 있는 사람을 죽일 수 없다. 너를 살려 주면 너는 다시 나를 죽이려 하겠지. 그렇더라도 내가 몸을 조심해서 피하면 될 일이다."

조양자는 이렇게 말하고는 그를 살려 주었다.

예양은 몸에 옻칠을 하여 문둥이처럼 꾸미고, 숯을 입에 머금어 벙어리처럼 변장하고 조양자를 죽일 기회를 노렸다. 변장한 채 장바닥에서 구걸하는 예양을 그의 아내도 알아보지 못했다.

그런 예양을 한 친구가 알아보고 울면서 말했다.

"자네의 학덕과 재주로 조양자를 섬긴다면 반드시 총애를 받을 것이고, 그러면 조양자가 자네를 곁에 가까이 둘 것이니, 자네가 하려는 일을 이루기가 오히려 쉽지 않겠는가. 쉬운 방법을 두고 어찌하여 자네는 스스로를 이렇게 괴롭히는가."

"내가 조양자에게 무릎을 꿇어 섬기면서 그를 죽이려 한다면 그 것은 두 마음을 갖는 것이 아니겠나. 나는 후세 사람들에게 남의 아랫사람이 되어 두 마음 갖는 것을 부끄럽게 여기도록 하려는 것 일세."

예양은 다리 밑에 숨어 있다가, 지나가는 조양자를 덮치려다 붙 잡히고 말았고, 조양자는 예양을 다시 살려 주지 않았다.

● 조양자(趙襄子) : 춘추 시대 말기 진(晋)나라의 대부(大夫). 이름은 무휼(無恤).
● 지백(智伯) : 춘추 시대 말기 진(晋)나라의 대부(大夫). 이름은 요(瑤).

4
• • • • •
아들을 꾸짖은 왕손가의 어머니

　제나라 민왕(閔王)의 신하 가운데 왕손가(王孫賈)라는 사람이
있었다.

　연나라가 쳐들어오자 민왕은 서울을 버리고 달아났다.

　제나라를 구하러 온 초(楚)나라의 장수 요치가 숨어 있는 민왕
을 찾아 내 죽였다.

　임금과 헤어진 왕손가가 임금의 행방을 찾아 헤매다가 지쳐 집
으로 돌아왔다.

　이런 아들을 보고 어머니가 꾸짖었다.

　"네가 아침에 나가 밤늦게 돌아오면 나는 대문에 몸을 기대고
서서 너를 기다렸고, 네가 돌아오지 않으면 나는 동구밖에까지 나
가 너를 기다렸다. 네가 섬기던 임금이 행방을 감췄건만, 너는 임
금이 간 곳을 알지 못했고, 임금이 죽임을 당했으나 너는 살아 있
다. 네가 어찌 살아서 집으로 돌아오느냐."

　왕손가는 어머니의 말씀을 듣고 부끄러워하며, 곧바로 저잣거
리에 나가 외쳤다.

　"요치가 우리 나라를 구한답시고 와서 오히려 임금을 죽였소.
나와 함께 요치를 치고자 하는 사람은 오른쪽 소매를 걷어 어깨를

199

드러내시오."

왕손가의 말을 듣고 따르는 이가 4백 명이 넘었다.

왕손가는 요치를 쳐서 찔러 죽이고 민왕의 원수를 갚았다.

● 왕손가(王孫賈) : 제(齊)나라 대부로 왕손은 성(姓)이며 가는 이름이다.
● 민왕(閔王) : 제(齊)나라의 왕으로 이름은 지(地). 연(燕)나라 장수 악의(樂毅)
가 제나라를 쳤을 때 서울인 임치(臨淄)를 버리고 거(莒)로 달아났다.
● 요치(淖齒) : 초(楚)나라 장수로 요는 성, 치는 이름. 연나라가 제나라를 공격했
을 때 제나라를 구하고 난 후 다시 난을 일으켜 거(莒)로 피난한 제민왕을 죽였다.

200

5
• • • • •
정직하게 말해서 목숨을 건진 고윤

원위(元魏)의 태무제 때, 적흑자(赤黑子)라는 신하가 있었다. 그가 사신으로 병주(并州)에 갔을 때 베 1천 필을 뇌물로 받았던 일이 발각되었다.

다급해진 적흑자는, 태자에게 경서를 가르치는 고윤(高允)에게 물었다.

"임금에게 심문을 받으면 사실대로 말해야 하는가, 아니면 숨기는 것이 좋겠는가?"

"당신은 국가의 기밀을 다루는 중요한 일을 맡은 사신이고, 임금의 총애를 받는 신하입니다. 죄가 있다면 사실대로 말씀을 드리면 혹 용서를 받을 수 있을지 모릅니다. 뇌물을 받은 것도 죄인데, 거기에다 거짓말까지 해서 임금을 속이는 죄를 더해서는 안 됩니다."

고윤은 이렇게 충고했다.

뒷날 고윤과 최호(崔浩)가 위나라 사기를 편수하는 일을 하다 태무제의 노여움을 사 이 일에 관련된 사람들이 모두 체포되는 사건이 벌어졌다.

　태자는 이 사건에 연루된 고윤을 불러 "내가 아바마마를 뵈옵고 어떻게 해서든 그대의 사형을 면하게 할 것이오. 아바마마께서 묻거든 내가 말한 대로만 하시오." 하고 말했다.

　태자는 태무제를 뵙고 "고윤은 심려가 깊어 작은 일까지도 신중하게 처리하는 인품을 지닌 사람입니다. 상관인 최호의 지시를 따라 한 일이오니 아무쪼록 고윤의 죄를 용서하여 주십시오." 하고 간청했다.

　태무제가 고윤을 불러 "국사 편찬은 최호가 주관하였는가?" 하고 물었다.

　"최호가 상관이기는 하나, 최호는 전체를 총괄하여 결재한 것뿐이옵고, 저술은 대부분 신이 했습니다."

　"너의 죄가 최호보다 중하구나. 너는 아무래도 죽음을 면할 수 없겠다."

　다급해진 태자가 "아바마마의 너무나도 엄숙하신 위엄에 고윤이 주눅들어 저에게 한 말과 다른 말을 하고 있습니다. 제가 앞서 물어 보았을 때는 모두 최호가 만들었다고 말했습니다." 하고 고윤을 살리기 위해 애를 썼다.

태무제가 고윤에게 "태자가 말한 그대로인가?" 하고 물었다.

"태자 저하께서는 신이 오랫동안 곁에서 모시고 학문을 강론해 드린 인연으로 신의 목숨을 구해 주시려는 은혜를 베풀고 계십니다. 하지만 태자께서는 신에게 아무 것도 묻지 않으셨으며, 신도 그러한 말을 한 적이 없습니다. 저는 지금 정신이 아뜩하거나 혼란해 있지 않습니다. 저는 조금도 거짓이 없이 사실대로 말씀드리고 있습니다."

태무제는 태자를 돌아보고 "고윤은 정말 정직한 인물이다. 죽음을 앞에 두고도 한번 말한 것을 바꿔 말하지 않음은 믿음이요, 신하로서 임금을 속이지 않음은 곧음이다. 특별히 고윤을 용서하고 그의 정직함을 표창함이 마땅하다." 이렇게 말하고 고윤을 용서하였다.

태자는 고윤에게 "나는 그대를 죽음에서 구하려고 아바마마께 거짓을 고하면서까지 애를 썼는데 어찌하여 그대는 내가 말한 대로 하지 않았소." 하고 물었다.

"신은 최호와 함께 이 일을 했습니다. 그러므로 이 일에 관한 모든 책임은 함께 져야 하며, 의리로 보더라도 저 혼자만 살기를 바

랄 수 없는 일입니다. 양심을 어기며 거짓말로써 목숨을 구하는
것은 신이 바라는 바가 아닙니다."
 태자는 감동하여 고윤의 정직함을 칭찬했다.

 고윤은 태자 앞을 물러나와 사람들에게 이렇게 말했다.
 "내가 태자의 말씀에 따르지 않은 것은, 전에 적흑자에게 충고
했던 나의 말을 내가 어길까 두려웠기 때문이다."

● 고윤(高允) : 자는 백공(伯恭). 산동(山東) 사람.
● 태무(太武) : 원위(元衛)의 제3대 임금인 세조(世朝). 이름은 도(燾).
● 최호(崔浩) : 자는 백연(伯淵). 청하(淸河) 사람. 경사(經史)에 정통하였으며
사도(司徒)로 재직시 위사(魏史)의 필화사건(筆禍事件)으로 죽음을 당함.

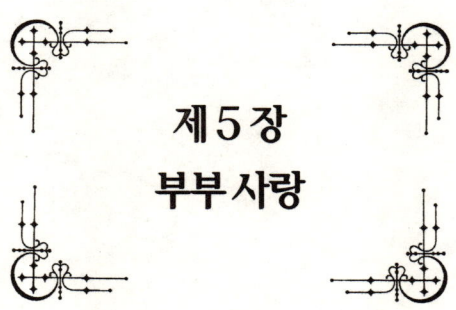

제 5 장
부부 사랑

부부가 서로 공경하고 조심하는 데서 예
가 싹트고 자손만대의 영광이 깃들인다.

제 1 절
부부란 무엇인가

부부는 인류의 큰 줄기이며
자손 만대의 근원이다

1
· · · · ·
남자와 여자는

남자와 여자 사이에 중매하는 이가 오가지 않으면 서로 이름을 알려 하지 않으며, 혼약의 예물을 받지 않았으면 사귀거나 친하게 지내지 않는다.

혼약이 이루어지면, 혼인 날짜를 써서 조상께 고한다.

혼인날에는 술과 음식을 장만하여 마을 사람과 벗들을 초대해 잔치를 벌인다.

같은 성씨끼리는 혼인하지 않는다. ● 곡례

● 곡례(曲禮) : 오경(五經)의 하나인 예기의 편명으로 예기 1,2편의 이름이다. 곡례는 상하 2편으로 이루어졌다. 곡례란 자상스러운 예절을 뜻하며 곡례의 조목은 3천 가지나 된다고 하였다. 곧 소소한 예.

2
• • • • •
자식을 결혼시킬 때 부모가 주는 말

아들을 장가들일 때 아버지는 "네가 아내를 맞아 우리 집안 일과 제사를 이어 감에 공경하는 도리로 네 아내를 이끌어 어머니의 뒤를 잇게 하고, 너는 아내를 사랑하는 데 변함이 없고, 항상 아내에게 떳떳할 수 있도록 행동해야 한다." 하고 말하면, 아들은 "그렇게 하겠습니다. 아버지의 말씀을 잊지 않겠습니다." 하고 대답한다.

딸을 시집보낼 때 아버지는 "항상 조심하고 공경해서 낮이나 밤이나 시부모의 말씀을 어기지 않도록 해라." 하고 말한다.

어머니는 "힘쓰고 공경하여 밤이나 낮이나 집안 일을 처리하는 데 어긋남이 없도록 해라." 하고 말한다. ● 사혼례

● 사혼례(士昏禮) : '의례(儀禮)'의 편명.

3
· · · · ·
혼례를 치를 때는

혼례는 자손 만대의 시초다.

같은 성씨가 아닌 다른 성씨끼리 혼인을 맺는 것은, 먼 관계를 가까운 관계로 결합시키고, 혈연 관계를 엄격하게 구별하기 위한 것이다.

예물은 정성을 다해 준비해야 하며, 예물을 보내면서 하는 인사 말에 '예물이 약소하다'는 겸양의 말을 하지 않는 것은 믿음이 올 곧다는 것을 알리기 위해서다.

믿음은 사람 관계를 유지하는 도리이며 믿음은 아내가 갖추어 야 할 덕이다. 일단 혼례를 치르면 무엇으로도 혼인 관계를 깰 수 없다. 그러므로 남편이 죽어도 아내는 개가하지 않는다.

아내가 남편을 따르는 것은, 강건한 것이 움직이면 유순한 것이 따르는 도리이니, 하늘이 먼저 움직인 다음 땅이 따르며, 임금이 먼저 움직인 다음 신하가 따르는 것과 같은 이치이다.

혼례식 때 신랑이 나무 기러기를 안고 신부 집에 가서 상 위에

올려놓고 절하는 전안(奠鴈 : 나무 기러기를 상 위에 올려 놓고 절하는
것)의 예를 올리고 신랑 신부가 비로소 마주 보는 것은, 남녀의 삶
의 방식과 하는 일이 서로 다름을 밝힌다는 뜻이다.

　남녀가 다르다는 것을 밝힌 후에야 부모 자식 간에 친애할 수
있고, 부모 자식 간의 친애함이 있은 후에야 사람으로서 지켜야
할 도리가 생겨난다. 사람으로서 지켜야 할 도리가 생겨난 후에야
예(禮)가 일어나고, 예가 바르게 선 후에야 만물의 질서가 잡혀
모든 일이 고르게 안정된다.

　남녀 사이에 다름이 없고, 사람이 지켜야 할 도리가 없다면, 사
람이 아니라 짐승이 되는 것이다.

　며느리를 맞이하는 집에서 사흘 동안 음악을 연주하지 않는 것
은, 어버이의 뒤를 이어야 할 막중한 임무를 생각하기 때문이다.

　혼례에서 축하의 말을 하지 않는 것은 세대가 바뀌는 자리이기
때문이다. ● 예기

211

4
• • • • •
남녀의 생활은 어떻게 다른가

예(禮)는 부부가 서로 공경하고 조심하는 데서 싹이 튼다.

집은 안채와 사랑채를 구별해, 남자는 사랑채에서 생활하고 여자는 안채에서 생활한다.

안채는 집의 가장 안쪽에 위치하며 문을 단단히 닫고 문지기를 두어 지키게 한다.

남자는 안채에 들어가지 않으며, 여자는 밖에 나오지 않는다.

남녀는 옷을 거는 횟대나 시렁을 함께 쓰지 않는다.

제사나 상사(喪事) 때가 아니면 남녀가 서로 그릇을 주고받지 않으며, 만약 그릇을 주고받아야 할 때는 여자는 광주리로 그릇을 받는다.

남자와 여자가 우물을 함께 쓰지 않으며, 욕실을 함께 쓰지 않으며, 목욕을 함께하지 않는다.

남자와 여자는 이부자리를 함께 쓰지 않으며, 물건을 빌려 주거나 빌려 쓰지 않는다.

남자는 안에서 하는 일을 말하지 않고, 여자는 밖에서 하는 일을 말하지 않는다.

남자는 집에서 휘파람을 불지 않으며, 손가락질을 하지 않는다.

남자가 밤에 안에 들어갈 때는 촛불을 들고 가며, 촛불이 없으면 가지 않는다.

여자가 문 밖을 나설 때는 얼굴을 가리고, 밤에 다닐 때는 촛불을 들고 다니고, 촛불이 없으면 나가지 않는다.

길을 걸을 때 남자는 오른쪽으로 가고, 여자는 왼쪽으로 간다.

● 내칙

● 내칙(內則): '예기(禮記)' 제12편의 편명이며, 가정에서 지켜야 할 규칙들이 다루어져 있다.

5
#####

여자의 삼종지도(三從之道)

여자에게는 따라야 할 세 가지 길이 있다.

① 시집가기 전에는 아버지의 뜻을 따르고

② 시집가서는 남편의 뜻을 따르고

③ 남편이 죽으면 아들의 뜻을 따른다.

이것을 삼종지도(三從之道)라고 한다. ● 공자

● 공자(孔子) : BC 552~479. 유학(儒學)의 창시자. 중국 춘추 시대(春秋時代)
의 노(魯)나라 사람이며, 이름은 구(丘)이고 자는 중니(仲尼)이다. 노나라 사구(司
寇)벼슬을 지내다 사직하고 도를 천하에 전하려고 주유했으나 발탁되지 못하고 노나
라로 돌아와서 시(詩), 서(書), 예(禮), 악(樂), 역(易), 춘추(春秋) 등의 육경을
산술(刪述)하였다. 제자들이 공자의 언행을 기록한 '논어' 7권도 있다.

6
• • • • •

남편감을 고를 때 피해야 할 남자

여자가 자신의 남편감을 고르는 데 피해야 할 다섯 종류의 남자
가 있다.

① 반역죄에 연루된 집안의 아들은 남편으로 맞지 않으며

② 인륜을 어지럽힌 집안의 아들은 남편으로 맞지 않으며

③ 형벌을 받은 사람이 있는 집안의 아들은 남편으로 맞지 않
으며

④ 나쁜 병을 앓는 사람이 있는 집안의 아들은 남편으로 맞지
않으며

⑤ 아버지가 없고 어머니만 있는 집안의 맏아들은 남편으로 맞
지 않는다. ● 공자

7
•••••
칠거지악(七去之惡)

남편이 아내를 내칠 수 있는 일곱 가지 조건이 있다.

① 부모에게 순종하지 않으면 내칠 수 있고

② 아들을 못 낳으면 내칠 수 있고

③ 음란하면 내칠 수 있고

④ 질투가 심하면 내칠 수 있고

⑤ 나쁜 병이 있으면 내칠 수 있고

⑥ 말이 많으면 내칠 수 있고

⑦ 도둑질하는 버릇이 있으면 내칠 수 있다.

이것을 칠거지악(七去之惡)이라고 한다.

칠거지악에 해당하더라도, 내치지 못할 세 가지 형편이 있다.

① 혼인할 때는 친정이 있었으나, 지금은 친정이 없어졌을 뿐만
아니라, 가까운 친척마저 없어 돌아갈 곳이 없으면 내치지 못
한다.

② 부모의 3년상을 함께 치렀으면 내치지 못한다.

③ 혼인할 때는 몹시 가난했는데, 지금은 부귀해졌으면 내치지
못한다. ● 공자

8
· · · · ·
조혼에 대한 경고

부부는 인륜의 큰 줄기가 되는 것이며, 단명과 장수가 여기서 비롯된다.

세상 풍속에 시집가고 장가드는 나이가 너무 일러 부부의 도리가 무엇인지를 알지도 못하면서 자식을 갖게 된다. 이런 까닭에 교화가 밝지 못하고, 이로 인해 단명하는 백성이 많이 있다.

● 왕길

● 왕길(王吉) : 자는 자양(子陽). 한(漢)나라 사람.

9
• • • • •
재산을 결혼 조건으로 삼지 마라

결혼을 하면서 재산의 많고 적음을 문제삼아 결정지으려 한다
면 이는 야만인들이나 하는 짓이다. 군자는 그런 풍습이 있는 고
을에는 발도 들여놓지 않는다.

옛날에는 남녀가 상대의 덕성을 조건으로 혼인을 맺었다. 결코
재물을 혼인의 조건으로 삼지 않았다. • 문중자

• 문중자(文中子) : 수(隋)나라의 왕통(王通 : 584∼618). 자는 중엄(仲淹). 용
문(龍門) 사람. '중설(中說)'의 작자. 문중자는 시호.

10
• • • • •
결혼의 조건

혼인을 의논할 때는 사윗감과 며느릿감의 성품과 행실, 그리고 그 집안의 법도가 어떠한지를 살펴보아야 한다. 결코 부귀를 먼저 살펴서는 안 된다.

사윗감이 현명하고 믿음직한 사람이라면, 지금은 가난하고 천할지라도 뒷날 부귀한 사람이 되어 영화를 누리게 될지 어찌 알겠는가.

만약 미련한 사람이라면 지금 재물이 많아 풍요로운 생활을 한다 해도 언제 망해 가난하고 천한 사람이 될지 어찌 알겠는가.

며느리는 집안을 흥하게도 하고 망하게도 하는 중요한 사람이다. 며느릿감이 현명하지 못한데도 단지 재물을 보고 며느리를 얻는다면, 자기가 가지고 온 재물을 배경삼아 교만해지고, 남편을 어려워하지 않으며, 시부모를 업신여기고, 제멋대로 행동해서, 훗날 걱정거리가 그칠 날이 없을지도 모른다.

아내가 가져온 재물로 부를 이루고, 처가의 권세에 기대어 높은 자리에 오르게 된다 해도, 대장부로서 굳은 뜻과 기개가 있는 사람이라면 어찌 부끄러워하지 않겠는가. ● 사마온공

219

11
• • • • •
며느리는 조금 낮은 집안에서 골라라

  딸을 시집보내려고 할 때는 모든 면에서 우리 집안보다 나은 집
안으로 보내야 한다. 그래야 시부모와 시댁 어른들을 공경하여 잘
섬기고, 자신을 낮추어 몸가짐도 조심할 것이다.
  며느리는 우리 집안보다 좀 못한 집안의 딸을 맞아들여야 한다.
그래야 시부모를 섬기는 일에서부터 모든 일에 며느리로서 지켜
야 할 도리를 다할 것이다. ● 호안정

● 호안정(胡安定) : 호원(胡瑗 : 993~1059). 자는 익지(翼之). 강소(江蘇) 사
람. 선조가 안정(安定) 사람이었기 때문에 안정 선생이라 칭한다.

12
• • • • •
아내는 내조를 으뜸으로 삼아야 한다

한 가정의 주부는 집 안에 있으면서, 음식 장만하는 일을 맡아 가족의 식사를 거들고, 손님이 찾아오면 주안상을 준비하며, 가족이 입을 의복을 손질하여 정리하는 일, 집 안에서 해야 할 여러 가지 예법을 지키는 일에만 힘써야 한다. 아녀자가 집안의 큰일이나 나라 일에 관여해서는 안 된다.

만약 아내가 총명하여 재주와 슬기가 뛰어나 고금에 통달한 지식을 갖추고 있다면, 남편을 도와 남편의 모자란 점을 보충하도록 권하는 것이 바람직하다. 그렇게 한다면 새벽에 암탉이 울어(아내가 집안일의 주도권을 잡고 좌지우지하는 일) 재난을 불러일으키는 일은 없을 것이다.

양자강 하류의 강동 지방 부인들은 서로 오가며 어울리는 일이 없다. 그 중에는 인척 사이에도 십몇 년 동안 서로 얼굴도 모르면서 단지 편지를 전하거나 물품을 주고받는 일로써만 서로의 정을 나누는 사람도 있다.

　북제(北齊) 땅 업(鄴)의 풍습은 부녀자들이 집안 일을 도맡아
한다. 소송하여 시비를 가리는 일, 문안 다니는 일, 손님을 집으로
초대하는 일, 자식의 취직 자리를 구하는 일, 남편 대신에 판결의
부당함을 주장하는 일을 하기도 한다.
　이와 같이 아내가 가정 밖의 일에 활발하게 뛰어다니는 것은 천
한 풍습이다. ● 안씨가훈

　● 안씨가훈(顏氏家訓) : 7권 20편(七卷二十篇)으로 되어 있다. 안지추(顏之推 :
531~602?)가 지은 것이다. 자손에게 주는 훈계의 책. 안지추의 자는 개(介). 산동
(山東) 사람. 시대의 유행에 휩쓸리지 않고 유불(儒佛)의 조화를 말하여 현실적이
고 진실한 인생관을 주장하였다. 저서로는 '안씨가훈(顏氏家訓)' 외에 '문집(文
集)' '환원지(還冤志)'가 있다.

제 2 절
부부 사랑을 실천한 사람들

부부가 서로 공경하기를
손님 접대하듯 하면

1
•••••
아내를 존경한 극결

진(晉) 나라 때 구계가 사신이 되어 길을 가다가 한 농사꾼 부부를 만났다.

농부 극결이 밭에서 김을 매는데, 아내가 점심을 가져와 함께 먹고 있었다.

부부가 서로 공경하기를 손님 접대하듯 하는 것을 보고, 구계가 감동하여 자기가 본 그대로 임금에게 아뢰었다.

"공경하는 마음은 덕이 모인 것이니, 공경할 줄 아는 사람은 덕이 있는 사람입니다. 백성은 덕으로 다스리는 것이니, 극결을 발탁해 쓰는 것이 좋을 듯합니다."

임금이 극결을 불러 신하로 삼았다.

● 구계(臼季) : 진(晉) 나라 대부로 이름은 서신(胥臣).
● 극결(郤缺) : 진나라 대부.

2
· · · · ·
불행한 남편를 버리지 않은 아내

송(宋)나라 여자가 채(蔡)나라로 시집을 갔다.

그녀가 시집가서 보니 남편에게는 나쁜 병이 있었다.

어머니가 딸을 다른 남자에게 시집보내려 하자 딸이 이렇게 말했다.

"남편의 불행은 곧 저의 불행입니다. 불행한 남편을 버리고 어찌 가겠습니까. 한 남자와 한 여자가 초례를 치르면 몸을 마칠 때까지 신의를 바꾸지 않는 법이라고 배웠습니다. 불행히도 남편에게 나쁜 병이 있다고는 하나 그가 나에게 크게 잘못한 것이 없고, 또한 저를 내보내지 않으니 어찌 제가 다른 남자에게 갈 수 있겠습니까."

하고는 어머니의 말을 따르지 않았다. ● 열녀전

● 열녀전(列女傳) : 전한(前漢)의 유학자 유향(劉向)이 펴낸 책으로 여러 유형의 열녀(烈女)들과 악녀(惡女)들의 행적을 기록한 저서이다.

3
. . . . .
절개를 지키려 귀와 코를 잘라 버린 영녀

위(魏) 나라에 영녀(令女)라는 여자가 있었다. 남편이 일찍 세상을 떠나 3년상을 치르고 나서, 혼자 살기에는 젊고 자식도 없으므로 친정에서 재혼시키려 할 것을 염려해, 머리털을 잘라 지조를 지키며 혼자 살 것이라는 마음을 나타내 보였다.

얼마 후 과연 친정에서는 딸을 데려다가 재혼시키려 했다. 영녀는 칼로 자기의 양 귀를 잘라 굳은 결심을 보였다.

그러는 중에 시가가 반역죄에 몰려 멸족을 당하는 참화를 당했다. 그 때 영녀의 친정 아버지는 양주(梁州)의 관리로 있었다.

딸이 젊은 나이로 절개를 지키며 사는 것을 가엾게 여기고, 또 시가가 멸문지화를 당하여 살아남은 자가 없으므로, 딸의 굳은 뜻이 누그러지기를 바라는 마음에서 사람을 보내 살며시 타일러 보도록 했다.

영녀는 탄식하고 울면서 "나도 그래야겠다고 생각하고 있습니다." 하고 말하여 아버지의 뜻에 따르겠다는 마음을 전했다.

친정에서는 그 말을 딸의 본심이라고 믿고 감시를 늦추었다.

영녀가 이 틈을 타 자기의 코를 베어 버리고는 이불을 뒤집어쓰고 누워 있었다.

어머니가 이불을 제치고 보니 피가 이불을 흥건히 적시었다.

어떤 사람이 영녀에게 "한 사람이 이 세상에 살고 있다는 것은 마치 가벼운 먼지가 약하디약한 풀잎 위에 앉은 것과 같은 것이오. 어찌하여 당신은 괴롭게 절개를 지키며 고생을 하는가. 남편의 집안은 멸족을 당해 대가 끊어졌는데 누구를 위해 절개를 지키려 하는가." 하고 말했다.

영녀가 그 말을 듣고는 이렇게 말했다.

"어진 사람은 자기가 섬기는 이의 흥하고 망하는 데 따라 절개를 바꾸는 일이 없으며, 의로운 자는 섬기는 이의 있고 없음에 따라 마음을 바꾸는 일이 없다고 들었습니다. 내가 시집을 가 시집이 흥하던 때에도 나는 남편의 아내로서 절개를 지켰습니다. 하물며 지금 시집이 망했다고 해서 어찌 절개를 버릴 수 있겠습니까. 금수와 같은 행실을 나는 할 수가 없습니다."

4
• • • • •
예물을 친정으로 돌려보내다

한(漢)나라 때 한 선비가 제자들을 가르쳤는데, 제자 중에 포선이라는 젊은이가 마음이 맑고 깨끗하며 부지런했다. 그를 기특하게 여겨 사위로 삼았다.

포선이 혼례를 치르고 아내와 함께 집으로 오는데, 처가에서 보내는 예물이 너무 많았다.

이를 보고 포선이 신부에게 말했다.

"당신은 부유한 가정에서 태어나 어려움을 모르고 자랐기 때문에, 아름답게 꾸미고 치장하는 것을 많이 보고 배워 익혔을 것이오. 그러나 나는 가난하고 보잘것 없는 가정에서 태어나 어려움을 겪으며 고생하고 자랐기 때문에 당신의 수준을 감당할 수 있을지 걱정이오."

"친정 아버지께서는 당신이 덕을 닦고, 생활은 절약하여 검소하게 한다고 생각하시어, 저를 시집보낸 것입니다. 저 또한 당신과 평생을 함께하기로 혼례를 올렸으니, 오직 당신의 뜻에 따를 것입니다."

"고맙소."

신부는 즉시 데리고 오던 하인과 예물과 사치스러운 옷과 생활

228

용품을 모두 친정으로 되돌려보내고, 검소한 차림으로 작은 수레를 타고 시집으로 갔다.

시부모를 뵙는 예를 마치고는 곧바로 물동이를 이고 나가 물을 길어 왔고, 부도(婦道)를 다하여 집안을 꾸려 갔다.

온 마을과 온 고을에 새댁을 칭찬하는 소리가 자자했다.

● 포선(鮑宣) : 자는 자도(子都). 발해 사람.

229

5
● ● ● ● ●
목숨까지 버리고 지킨 정조

당(唐)나라 봉천(奉天) 땅에 사는 두(竇)씨에게 두 딸이 있었는데, 큰딸은 열아홉 살, 작은딸은 열여섯 살이었다. 그 해 수천 명의 도적 떼가 나타나서 사람들을 협박하여 재물을 빼앗고, 사람을 죽이고, 집을 불사르는 등 피해가 극심했다.

두씨의 두 딸은 난을 피해 산 속에 굴을 파고 숨어 살았는데, 그만 도적 떼에게 발각되어 끌려 갔다. 이들이 깊이가 수백 척은 되어 보이는 낭떠러지 앞에 이르렀을 때, 큰딸이 "나는 차라리 목숨을 끊을지언정 도적 떼의 노리개가 될 수 없다." 하고는 낭떠러지로 몸을 던졌다.

작은딸도 언니의 뒤를 따라 몸을 낭떠러지 아래로 던졌다. 도적들은 두 딸을 버리고 가 버렸다.

난리가 평정된 뒤 임금이 이 이야기를 듣고는 정조를 지키기 위해 목숨을 버린 절개를 가상히 여겨 두씨네 마을에 정문을 세워 표창하고, 두씨 집안에는 부역의 의무를 면제해 주었다.

6
●●●●●
남편의 도량을 시험해 본 아내

유관은 아무리 황급한 일을 당해도 말을 거칠게 하거나, 일이 급하다고 허둥대거나, 어찌할 바를 몰라 쩔쩔매는 기색을 보이지 않았다.

하루는 그의 부인이 남편의 성품을 시험해 보기로 했다.

남편이 출근을 하기 위해 조복을 갖추어 입고 집을 나서려는데, 계집종을 시켜 거짓으로 쓰러지는 척하면서 고깃국을 조복에 엎지르게 했다.

계집종은 죄송해하면서 서둘러 더럽혀진 조복의 국물을 닦아 냈다.

유관은 언짢은 기색이나 태도를 조금도 보이지 않으면서 오히려 어찌할 바를 모르는 계집종에게 "뜨거운 국물에 손을 대지는 않았느냐?" 하고 물었다.

유관의 성품과 도량이 이와 같았다.

● 유관(劉寬) : 자는 문요(文饒 : 120∼185). 홍농(弘農) 사람.

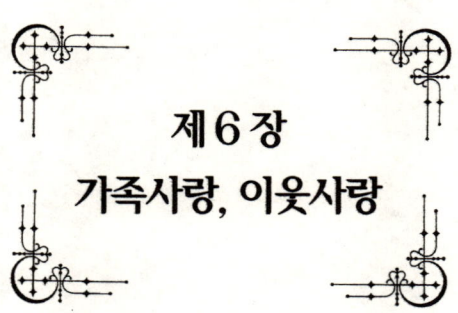

제6장
가족사랑, 이웃사랑

세상에서 가장 얻기 어려운 것이 형제이고
세상에서 가장 얻기 쉬운 것이 논밭이다

제 1 절
친구와 이웃은 믿음으로써 사귄다

벗에게는 진심으로 충고하고

1
#####
무엇으로 친구를 모으는가

학문을 이야기하는 일로 친구를 모으고, 친구의 좋은 점을 본받아 내 인격을 향상시키는 데 보탠다. ● 증자

● 증자(曾子) : BC 505~436?. 유학자(儒學者). 증삼(曾參)을 높여 부르는 말. 증삼은 중국 춘추 시대 노(魯)나라 사람으로 공자의 제자이며, 이름은 삼(參)이고, 자는 자여(子輿)이다. 공자의 사상을 전수받아 자사(子思)에게 전수하였으며 공자의 제자 중에서 효가 뛰어났다. '대학'과 '효경'을 지었다고 주자가 말하고 있다.

2
. . . . .
벗과 벗 사이에는

벗과 벗 사이에는 진심으로 충고하고 선한 길로 가도록 권해야
하며, 형제 사이에는 화목하고 즐겁게 지내야 한다. ● 공자

● 공자(孔子) : BC 552~479. 유학(儒學)의 창시자. 중국 춘추 시대(春秋時代)
의 노(魯)나라 사람이며, 이름은 구(丘)이고 자는 중니(仲尼)이다. 노나라 사구(司
寇)벼슬을 지내다 사직하고 도를 천하에 전하려고 주유했으나 발탁되지 못하고 노나
라로 돌아와서 시(詩), 서(書), 예(禮), 악(樂), 역(易), 춘추(春秋) 등의 육경을
산술(删述)하였다. 제자들이 공자의 언행을 기록한 '논어' 7권도 있다.

3
· · · · ·
내게 유익한 벗과 손해 되는 벗

정직하고, 믿음성이 있으며, 아는 것이 많은 사람은 나에게 유익한 벗이요,

겉치레만 번드르르하고, 아첨을 잘하고, 아는 것이 별로 없으면서 말만 잘하는 사람은 나에게 해로운 벗이다. ● 공자

● 공자(孔子) : BC 552~479. 유학(儒學)의 창시자. 중국 춘추 시대(春秋時代)의 노(魯)나라 사람이며, 이름은 구(丘)이고 자는 중니(仲尼)이다. 노나라 사구(司寇)벼슬을 지내다 사직하고 도를 천하에 전하려고 주유했으나 발탁되지 못하고 노나라로 돌아와서 시(詩), 서(書), 예(禮), 악(樂), 역(易), 춘추(春秋) 등의 육경을 산술(刪述)하였다. 제자들이 공자의 언행을 기록한 '논어' 7권도 있다.

4
• • • • •
친구의 조건

친구를 사귈 때는 나이 많은 것을 내세우지 않으며, 빈부귀천을 내세우지 않으며, 집안이 번성함을 내세우지 않는다.

벗한다는 것은 상대의 덕성을 좋아하고 따르는 것이다. 내가 가지고 있는 남다른 점을 내세워 뽐내지 말아야 한다. ● 맹자

● 맹자(孟子) : BC 372~289. 중국 전국 시대의 유학자(儒學者). 이름은 가(軻)이고, 자는 자여(子輿) 또는 자거(子車)이다. 노(魯)나라 추(鄒)현에서 출생. 공자의 손자인 자사에게 수학하고 공자(孔子)의 인(仁) 사상을 발전시켜 사단칠정(四端七情)의 설을 설명하고 '성선설(性善說)'을 주창하였다. 제(齊)나라 양(梁)나라의 제후들에게 왕도(王道)를 설명하고 인의의 정치를 권장하였다. 유학의 도통을 이었으며 아성(亞聖)이라고 일컫는다. '맹자' 7권의 저서가 있다.

5
· · · · ·
친구가 집에 찾아왔을 때

친구가 집에 찾아왔을 때는 문마다 먼저 들어가기를 권하고, 머무를 방에 이르러서는 먼저 방에 들어가서 돗자리를 깔아 자리를 정돈한 후 친구에게 들어오기를 권한다. ● 곡례

● 곡례(曲禮) : 오경(五經)의 하나인 예기의 편명으로 예기 1,2편의 이름이다. 곡례는 상하 2편으로 이루어졌다. 곡례란 자상스러운 예절을 뜻하며 곡례의 조목은 3천 가지나 된다고 하였다. 곧 소소한 예.

6
• • • • •
사람 사귀는 법

내가 아무리 유능하더라도 유능하지 않은 사람의 의견도 물어 일을 처리하고,

내가 아무리 아는 것이 많더라도 식견이 적은 사람의 생각도 물어 보고,

재물이 많이 있더라도 없는 것같이 하고, 충실하면서 비어 있는 것같이 하고,

다른 사람이 나를 건드려도 옳고 그름을 따지며 겨루지 않는다.

옛날에 나의 벗들은 모두 이렇게 했다. ● 증자

● 증자(曾子) : BC 505~436?. 유학자(儒學者). 증삼(曾參)을 높여 부르는 말. 증삼은 중국 춘추 시대 노(魯)나라 사람으로 공자의 제자이며, 이름은 삼(參)이고, 자는 자여(子輿)이다. 공자의 사상을 전수받아 자사(子思)에게 전수하였으며 공자의 제자 중에서 효가 뛰어났다. '대학'과 '효경'을 지었다고 주자가 말하고 있다.

7
• • • • •
오래 갈 수 없는 우정

요즈음 사람들은 천박하고 무식하여 모여서 놀기만 즐기며, 친구간에 지켜야 할 예의를 저버리고 허물없이 지내는 것을 마치 뜻이 맞아 그러는 것으로 착각하고 있다.

성품이 원만하여 모나지 않고 상대방의 비위나 맞추어 주는 사람을 자기와 마음이 맞는 사람이라고 좋아한다.

이런 사귐이 어찌 오래 갈 수 있겠는가.

오래 사귀려면 서로의 인격을 존중하고, 허물을 보면 충고하여 바른 길로 이끌어야 한다.

아무리 친한 친구라 하더라도 예의를 지켜 공경하는 것을 으뜸으로 삼아야 한다. ● 정이천

● 정이천(程伊川) : 1033~1107. 중국 북송의 유학자 정이(程頤)를 말하며, 자는 정숙(正叔)이다. 정호(程顥)의 동생. 낙양(洛陽) 사람이다. 이천백(伊川伯)으로 봉해져 이천 선생이라고 부른다. 처음으로 이기(理氣)의 철학을 제창하였으며, 유학의 도덕에 철학적인 기초를 부여하였다. '역전(易傳)' '어록(語錄)' 등이 있고 시호는 정공(正公)이다.

8
• • • • •
친구를 사귈 때는

　요즘 사람들은 아첨 잘하는 자를 골라서 친구로 사귀며, 어깨를 툭툭 치고 옷소매를 잡아당기는 것을 서로 친해서 뜻이 맞아 그런다고 생각하고, 한 마디 말이라도 비위를 건드리는 경우에는 화를 내고 성난 얼굴로 대한다.

　친구를 사귈 때는 겸손하기를 게을리해서는 안 된다. 겸손을 으뜸으로 여기는 사람이라야 서로 바른 일을 권하여 나 또한 바른 사람이 되는 효과를 얻을 수 있다. ● 장횡거

　● 장횡거(張橫渠): 장재(張載: 1010～1071). 자(字)는 자후(子厚). 북송(北宋)의 학자. 섬서(陝西) 사람. 어린 시절 아버지를 따라갔다가 부친이 부임지에서 사망하자 그대로 봉상부미현횡거진(鳳翔府郿縣橫渠鎭)의 사람이 되었다. 가우(嘉祐)년에 임관하여 숭정원교서(崇政院校書), 지태상예원(知太常禮院)이 되었다. 그의 학설은 유로불(儒老佛)의 세 사상을 융합하고 우주를 일원적으로 해석하여 정이(程頤), 주희(朱熹) 등의 학설에 영향을 미쳤다. 저서로는 '동서명(東西銘)' '정몽(正蒙)' '이굴(理窟)' '역설(易說)' 등이 있다.

9
• • • • •
직장 선후배 사이에 지켜야 할 도리

　직장 생활을 하는 사람으로서 동료 사이에 한 약속과, 선배와 후배가 일을 인수인계할 때 지켜야 할 도리가 있다.

　내가 전에 함께 일했던 선배의보다 상관 자리에 오르게 되더라도, 자리를 함께 할 때는 윗좌석을 사양하여 선배를 윗좌석에 앉게 하고, 자신은 아랫좌석에 앉아 예로써 대해야 한다. 풍속이 이와 같다면 어찌 인정이 도탑다고 하지 않겠는가. ● 동몽훈

● 동몽훈(童蒙訓) : 3권(三卷)으로 되어 있다. 여본중(呂本中 : 1084～1138)의 저서. 여본중의 자는 거인(居仁). 북송(北宋)의 학자이며, 시인. 유안세(劉安世)의 학통을 이어 동래 선생(東萊先生)이라 불렸다.

244

10
• • • • •
서로 사양한 백금 100냥

　송(宋)나라 때 청백리의 대명사로 알려진 포청천 포증에게 한 백성이 찾아와 말하기를

　"내게 백금 100냥을 맡긴 사람이 죽어, 그 아들에게 백금을 돌려주려 했더니 아들이 사양하고 받지를 않습니다. 그 아들을 불러 이 백금을 돌려주십시오."

하고 청했다.

　포증이 그 아들을 불러 백금을 주려고 하니, 아들이 사양하며 말하기를

　"돌아가신 아버지께서 다른 사람에게 백금을 맡겼다는 말을 들은 적이 없습니다. 그러니 저는 그 백금을 받을 수 없습니다."

하고 사양하며 끝끝내 받지 않았다.

● 포증(包拯) : 포효숙공(包孝肅公 : 992∼1062). 자는 희인(希仁). 시호는 효숙(孝肅). 송조(宋朝)의 명신. 흔히 청백리의 대명사로 알려진 포청천을 말한다.

11
· · · · · ·
어른을 대하는 아랫사람의 몸가짐

아버지의 친구를 뵐 때는 아버지를 공경하듯이 공경하고, 이리 가까이 오라고 이르지 않으면 가까이 가지 못하고, 이제 그만 물러가라고 이르지 않으면 물러가지 못하며, 묻지 않으면 대답하지 못한다.

나이가 나보다 갑절이 넘게 많으면 아버지처럼 받들어 모시고, 나보다 열 살쯤 많으면 형으로 모시고, 나보다 다섯 살쯤 많으면 어깨를 나란히 하고 걷되 약간 뒤떨어져서 따라간다.

스승님을 모시고 갈 때는 길 건너편의 다른 사람과 말하지 않는다. 스승님을 길에서 만나면 빨리 걸어가 바른 자세로 인사를 올린다. 스승님이 말씀을 걸어 오면 대답하고, 말씀이 없으면 물러난다.

어른을 따라 언덕에 올랐을 때는 반드시 어른이 보는 곳을 향한다. 어른이 손을 잡아 이끄시면 두 손으로 어른의 손을 받들고, 얼굴을 가까이 하고 말씀하면 자신의 입을 가리고 대답한다.

어른이 계신 곳을 청소할 때는 비를 쓰레받기 위에 얹어 두 손으로 들고 들어간다. 비질을 할 때는 소매로 가리고 뒤로 물러나면서 쓸어 먼지가 어른에게 미치지 않게 한다.

어른이 앉은 자리 앞으로 나아갈 때는 부끄러워하거나 불안해하는 기색을 띠지 말며, 두 손으로 옷을 잡아당겨 옷의 아랫단이 땅에 끌리지 않게 한다. 옷자락이 펄럭이지 않게 하고, 발을 급하게 옮기지 않아야 한다. 어른이 쓰는 서책, 악기 등이 앞에 있으면 꿇어앉아 옆으로 옮겨 놓고, 넘어다니지 않아야 한다.

앉는 자세는 편안하고 안정되게 하며, 얼굴빛은 바르게 한다. 어른이 말을 마치지 않았는데 내가 화제를 바꾸거나 해서 어른의 말을 혼동시키지 말아야 한다.

선생님께서 강론을 하실 때는 용모를 바르게 하며, 공손한 자세로 듣고, 남의 말을 빌려 내 말로 만들지 말고, 남의 말에 분별없이 부화뇌동하지 말아야 한다.

247

　선생님을 모시고 앉아 있을 때는 선생님이 물으면 말씀이 끝난 뒤에 대답한다. 질문을 할 때는 일어서서 하고, 설명을 더해 주기를 청할 때도 일어서서 한다.

　어른 앞에서는 개를 꾸짖지 않으며, 음식을 사양할 때는 침을 뱉지 않는다.

　어른을 모시고 술을 마실 때는 술이 나오면 일어나 술 놓인 곳에 가서 절하고 받는다. 어른이 그렇게 하지 말라고 하면 젊은이는 제자리에서 몸을 뒤로 돌려 마시는데, 어른이 아직 다 마시지 않았으면 젊은이는 마시지 않는다.
　어른을 모시고 음식을 먹을 때는 어른이 주는 음식을 사양하지 않는다. ● 곡례

　어른의 나이가 아버지나 할아버지뻘이 되면 나이를 묻지 않으며, 뵐 일이 있을 때는 남을 시켜 전갈하지 않고 직접 아뢰어야 하

며, 길에서 어른을 만났을 때는 어른이 나를 보시면 가서 뵙고 인
사를 올리되 가시는 곳은 묻지 않는다.

어른과 한자리에 앉았을 때는 손짓으로 말하지 않으며, 덥더라
도 부채질을 하지 않으며, 어른이 누워 계시면 꿇어앉아서 말을
전해야 한다. ● 소의

가벼운 짐은 나이 어린 사람이 들고, 무거운 짐은 나누어 맡아
서, 머리가 반백인 어른이 짐을 들지 않게 한다. ● 왕제

마을에서 사람들이 모여 술을 마실 때는 지팡이 짚은 노인이 일
어나 나가면 공자도 일어나 나갔다. ● 논어

● 소의(少儀) : '예기' 제17편의 편명이다. 손님과 주인이 상견(相見)하는 예와 사
람들에게 선물을 보낼 때의 마음가짐 등의 자질구레한 예의나 위의가 수록된 것이다.
곡례편이나 내칙편의 내용과 중복된 것도 많다.
● 왕제(王制) : '예기' 제5편의 명칭. 왕자(王者)의 정치제도를 기술하고 있다.

12
• • • • •
종도 사람의 자식이다

도연명이 고을의 수령이 되었을 때 임지로 떠나면서 가족을 데
리고 가지 않았다.

임지에 도착한 도연명은 아들에게 종 한 사람을 보내면서 다음
과 같은 편지를 써 보냈다.

"네가 생활이 어려울 것으로 생각되어 사내종 한 사람을 보낸
다. 힘들게 나무하고 농사짓는 너를 도와 주라는 애비의 뜻이다.
비록 이 사람의 신분이 종이라 하더라도 남의 귀한 자식이니 잘
대우하도록 해라."

● 도연명(陶淵明) : 동진(東晉)의 자연시인. 이름은 잠(潛 : 372~427). 연명은
자(字). 심양 사람. 명장(名將) 간(侃)의 증손. 주좨주(州祭酒)가 되고, 또 팽택(彭
澤)의 영(令)이 되었으나 80여 일 만에 '귀거래사(歸去來辭)'를 읊고 벼슬을 버리
고 전원(田園)으로 돌아갔다. 그의 시는 기품이 높고 생에 대한 애정이 깃들어 있는
것이 특징이다.

제 2 절
가족은 양보와 사랑으로 감싼다

병든 누님 위해 죽 끓이다
수염 태운 늙은 재상

1
· · · · ·
형제는 남이 될 수 없다

요즘 사람들 가운데는 형제들이 서로 사랑할 줄 모르는 자가 많다. 무지하고 천한 백성도 한 가지 먹을 것을 얻으면 부모에게 드시게 한다. 이는 무슨 까닭인가. 부모의 입을 자기 자신의 입보다 소중하게 여기기 때문이다.

의복 한 벌이 생기면 먼저 부모에게 드려 입도록 한다. 이는 무슨 까닭이겠는가. 자기 자신의 몸보다는 부모의 몸을 소중히 여기기 때문이다.

개나 말에게도 그와 같이 하여, 부모님이 기르던 개나 말을 대할 때는 내가 기르는 개나 말을 대하듯이 함부로 대하지 않는다.

그러면서도 유독 부모의 자식인 형제를 사랑하는 데는 자기 자식을 사랑하는 것보다 가볍게 하며, 심한 경우에는 원수를 대하듯이 한다.

요즘 사람들은 자기 자신의 욕심을 채우는 데 눈이 어두워, 부모의 다 같은 자식인 형제가 서로 도리를 지키고, 형은 아우를 사랑하고 아우는 형을 공경하며 의좋게 지내는 사람이 많지 않으니 참으로 서글픈 일이다. ● 정이천

2
· · · · ·
형제 사이에는 보답이 있을 수 없다

시경(詩經)에 '형제는 서로 사랑할 뿐 서로 같음이 있어서는 안 된다.'고 했다. 이 말은 서로 사랑하며 지낼 뿐, 차별없이 맞서려고 해서는 안 된다는 뜻이다.

형과 아우는 함께 자라는 까닭에, 어느 한편의 말과 행동을 흉내내어 배우므로 닮게 마련이다. 그러나 어느 한편의 도리에 어긋난 행실까지 보고 배워서는 안 된다는 뜻이다.

대체로 사람은 무엇인가를 누구에게 베풀었을 때 그에 대한 보답을 바라는 마음을 갖게 마련이다. 보답이 없으면 베풀기를 즉시 중단하고 만다. 형제 사이에서는 베푼 것에 대한 보답을 바라서는 안 된다. 형제는 서로 일방적인 사랑을 베풀 따름이다. ● 장횡거

● 장횡거(張橫渠) : 장재(張載 : 1010~1071). 자(字)는 자후(子厚). 북송(北宋)의 학자. 섬서(陝西) 사람. 어린 시절 아버지를 따라갔다가 부친이 부임지에서 사망하자 그대로 봉상부미현횡거진(鳳翔府郿縣橫渠鎭)의 사람이 되었다. 가우(嘉祐)년에 임관하여 숭정원교서(崇政院校書), 지태상예원(知太常禮院)이 되었다. 그의 학설은 유로불(儒老佛)의 세 사상을 융합하고 우주를 일원적으로 해석하여 정이(程頤), 주희(朱熹) 등의 학설에 영향을 미쳤다. 저서로는 '동서명(東西銘)' '정몽(正蒙)' '이굴(理窟)' '역설(易說)' 등이 있다.

3
친척은 멀고 가까움이 없다

범문정공이 아들들에게 다음과 같이 말했다.

내가 가난했을 때 너희 어머니와 함께 너희 할아버지 할머니를 봉양했는데, 너희 어머니는 몸소 밥을 짓는 수고를 하며 고생했으나, 가난했던 까닭에 그분들에게 맛있는 음식을 충분히 대접해 드리지 못했다.

이제 내 지위가 높아져 잘 살게 되었는데, 어버이를 봉양하려고 해도 이미 두 분은 세상에 안 계시고, 너희 어머니 또한 일찍 세상을 떠 내가 한스럽게 생각하고 있다.

이런 까닭으로 너희에게 부귀의 즐거움을 맛보게 한다는 것이 나로서는 괴롭다.

강동 오현(吳縣)에는 우리 친척이 많이 살고 있다.

그들 가운데 친하게 지내는 사람도 있고, 별로 친하게 지내지 않는 사람도 있다. 그러나 우리의 조상께서 보신다면 모두가 같은 자손으로서 결코 가깝고 먼 구별이 없을 것이다.

자손을 보는 조상의 마음에 가깝고 먼 구별이 없다면, 가난하여 굶주리고 헐벗어 추위에 떨며 고생하는 친척을 내가 모른 척할 수 있겠느냐.

조상들이 쌓아 온 덕행이 내게 나타나 내가 오늘의 높은 지위에 오르는 은혜를 입은 것이다.

나 혼자 부귀를 즐기며 편안한 생활을 하고, 친척 가운데 굶주리고 헐벗은 이를 도와 주지 않는다면, 뒷날 무슨 낯으로 지하에 계신 조상을 대할 수 있겠느냐.

이리하여 범문정공은 자신의 수입을 친척들에게 차별없이 나누어 주고, 가난한 친척에게는 밭과 집을 사 주었으며, 혼인 때와 상사시에도 비용을 부담하는 등 친척 도와 주기를 게을리하지 않았다.

● 범문정공(范文正公) : 범중엄(范仲淹 : 990～1053). 자는 희문(希文). 강소 사람. 정열적인 사람으로 그의 먼저 조심하고 뒤에 낙을 갖는 뜻은 '악양루기(岳陽樓記)'에 잘 나타나 있다.

4
•••••
가장이 해야 할 일

한 집안의 어른이 되는 사람은 말과 행동을 조심하며, 예법을 잘 지켜서 집안 사람들을 통솔해야 한다.

식구 각자에게 할 일을 나누어 주어 책임지고 맡은 일을 잘하도록 감독하며, 재물 출납부를 기록하여 수입에 따른 지출을 해야 한다.

재산의 많고 적음을 참작하여 한쪽으로 치우치지 않도록, 의복과 식생활, 또는 애경사 비용을 지출하되, 격에 어울리는 규정을 만들어 공평하게 지출되도록 마음을 써야 한다.

잡비를 줄이고 사치스러운 생활을 금하고, 항상 조금의 여유를 두어, 뜻하지 않은 일이 생겼을 때를 대비해야 한다. ● 사마온공

● 사마온공(司馬溫公) : 사마광(司馬光 : 1019~1086). 자는 군실(君實). 죽은 뒤에 온국공(溫國公)이라 추증되어 온공(溫公)이라고 한다. 산서성(山西省) 영제현(永濟縣) 사람. 어려서부터 남보다 뛰어나 몸가짐이 바르고 엄하였다. 인종(仁宗) 이하, 영(英)·신(神)·철(哲) 사조(四朝)의 명신으로서 덕행을 베풀어 많은 사람들이 우러러 받들었다. 왕안석(王安石)의 신법에 반대하여 낙양(洛陽)에 물러나 있는 동안 '자치통감(資治通鑑)' 324권을 완성. 그 밖에 '온국문정공문집(溫國文正公文集)' '계고록(稽古錄)' 등의 저서가 있으며 문정이라는 시호를 받았다.

5
· · · · ·
결혼 후에도 형제 사랑을 이어 가려면

사람이 있은 후에 부부가 있고, 부부가 있은 후에 아버지와 아들이 있고, 아버지와 아들이 있은 후에 형제가 있다. 한 집안의 화목함은 이 세 가지 관계에서 비롯된다.

인간 관계에서 이 세 가지 관계를 무엇보다도 소중히 해야하는 것이니 좀더 두렵게 생각하지 않을 수 없다.

형제는 부모의 육체를 나누어 받고 또 같은 부모의 피와 생명력을 나누어 받은 사람이다.

어렸을 때는 부모가 왼손으로 끌고 오른손으로 잡으며, 앞으로 옷깃을 당기고 뒤로 옷자락을 이끌어서 데리고 다녔다.

음식을 먹을 때는 같은 밥상에서 함께 먹었으며, 형이 입던 옷을 아우가 물려받아 입고, 같은 서당에서 공부를 함께 했으며, 책을 함께 썼으며, 같은 곳에서 함께 놀았다.

형제는 이렇게 자라므로 서로 사랑하지 않을 수 없는 것이다.

자라서 어른이 되면 장가를 들어 아내와 살게 되고, 또 자식을 갖게 되어, 자기 아내와 자기 자식만을 사랑하게 된다. 비록 형제 간의 사랑하는 마음이 흔들리지 않더라도, 조금은 그 친한 정이 약해지지 않을 수 없게 된다.

여자 동서 사이는 남자 형제와 달라서 서로 멀면서 정이 덜 든 사이다.

멀고 정이 덜 든 사람으로 하여금 형제들 사이의 친밀하고도 두터운 정을 헤아려 깊은 정을 나누도록 한다는 것은, 마치 네모난 그릇 위에 둥근 뚜껑을 덮는 것과 같아서 잘 맞지 않을 것이다.

형제 사이에 서로 사랑하고 아끼며 공경하는 마음이 깊고 지극하여, 아내의 어떠한 말에도 마음이 흔들리지 않는 형과 아우만이 사이가 멀어지는 것을 막고 친하게 지낼 수 있을 것이다.

● 안씨가훈

● 안씨가훈(顏氏家訓) : 7권 20편(七卷二十篇)으로 되어 있다. 안지추(顏之推 : 531~602?)가 지은 것이다. 자손에게 주는 훈계의 책. 안지추의 자는 개(介). 산동(山東) 사람. 시대의 유행에 휩쓸리지 않고 유불(儒佛)의 조화를 말하여 현실적이고 진실한 인생관을 주장하였다. 저서로는 '안씨가훈(顏氏家訓)' 외에 '문집(文集)' '환원지(還寃志)'가 있다

258

6
형제의 불화는 아내에서 비롯된다

하북 사람 유개(柳開)가 이렇게 말했다.

돌아가신 아버님께서 집안을 다스리시는 데 효도를 중요하게
여기셨으며 매우 엄격하셨다.

매달 초하루와 보름에는 아들과 며느리 들을 마루 아래에 모으
시고 문안 인사를 받았다. 아들과 며느리 들은 절을 마치고 나면
무릎을 꿇고 앉아 아버님의 훈계를 들었다.

아버님의 훈계 말씀은 이러했다.

"사람의 집에서 형제 사이에 지켜야 할 의리를 지키지 않는 사
람은 없다. 그런데 형제들이 제각기 아내를 맞아들이면 서로 성이
다른 남남이 모이게 되므로 서로가 잘 하고 못 함을 다투게 된다.
시간이 지남에 따라 헐뜯는 소리가 물이 스며들듯 귀에 들리니,
형제들은 자기 아내의 말만 믿고, 남모르게 자기들만을 위하여
재산을 모은다. 마침내 정이 어그러져 재산을 나누어 따로 가정을
이루어 살며, 서로 미워하기를 도둑이나 원수처럼 한다. 남자로서
의지가 강한 사람일지라도 아내의 말에 마음이 움직이지 않을 사
람이 몇이나 될까. 나는 이렇게 아내 때문에 형제간의 의리를 저버

린 사람들을 많이 보아 왔다. 너희들이야 어찌 이러한 일이 있겠
느냐."

이 말씀을 듣고 물러 나와서는 언제나 마음에 두려워하고 조심
하여 감히 불효가 되는 일은 한 마디도 말하지 못하였다.

우리 형제들은 오늘날까지 이 훈계의 말씀 덕택으로 무사히 우
리 집안을 지킬 수 있었다.

● 유개(柳開) : 자는 중도(仲塗). 하북 사람.

260

7
· · · · ·
조카를 끝까지 돌봐 준 설포

설포(薛包)는 동한(東漢) 때 사람이다. 어려서부터 학문을 좋아하고 인정이 많았다.

어머니가 돌아가시고 아버지가 후처를 얻어, 설포에게 약간의 재산을 주어 따로 나가 살게 했다.

설포는 밤낮으로 울면서 차마 따로 나가 살지 못하겠다고 했으나 아버지가 매질을 하여 내쫓았다. 설포는 집 밖에 움막을 짓고 살면서 아침이 되면 집에 들어가 집 안을 깨끗이 청소하곤 했다. 아버지가 화를 내고 설포를 멀리 쫓아냈다.

설포는 마을 동구밖에다 움막을 짓고 살면서 부모에게 아침 저녁으로 문안을 드려 자식으로서의 도리를 꼭 지켰다.

아버지와 계모가 비로소 자신들의 행동을 부끄럽게 여기고 설포에게 집에 들어와 살게 했다. 얼마 후 아버지가 세상을 뜨고, 또 얼마 후 계모도 세상을 떴다. 설포가 상복을 입고 몹시 슬퍼하는 모습은 지나칠 정도로 애절했다.

얼마 후 아우의 아들이 재산을 나누어 집을 나가 따로 살기를 원했다. 설포가 간곡히 말렸으나 듣지 않으므로 그 소원을 들어주지 않을 수 없게 되었다.

설포는 늙은 종은 자기가 맡고 "이들은 나와 함께 일해 온 지가 오래 되었으니 너는 이들을 부릴 수가 없을 것이다." 했다.

설포는 거친 논과 밭, 그리고 허물어져 가는 구옥을 자기가 갖고 "이 밭과 논, 집은 내가 어릴 때부터 가꾸던 것이라 내 마음에 깊이 정들어 있는 곳이다." 했다.

설포는 오래 되어 낡고 찌그러진 그릇을 자기가 갖고 "이것들은 내가 평소 사용하던 것들이라 내게 편안한 것들이다." 했다.

설포는 분가해 나가는 조카에게 힘세고 일 잘 하는 젊은 종, 기름진 논과 밭, 새로 지은 집, 새 그릇 등 좋은 것으로만 넉넉하게 나누어 주었다.

분가해 나간 조카는 재산을 여러 번 없애고 설포를 찾아와 도움을 청했는데, 그 때마다 마다하지 않고 조카를 도와 주었다.

● 설포(薛包) : 자는 맹상(孟嘗). 동한(東漢) 때 여남(汝南) 사람.

8
•••••
자신을 때려 제수를 깨우친 예공

예공이 어려서 아버지를 여의고 네 형제가 재산을 공동으로 관리하고 생업을 함께 하였다.

형제들이 모두 장가를 들어 아내를 맞이하였는데, 동생의 아내들이 재산을 나누어 따로 살기를 원하면서 서로 싸우고 다투는 일이 자주 일어났다.

예공은 이러한 사실을 알고 깊이 한탄하면서 자기 방으로 들어가 방문을 잠그고는 스스로 자기 몸에 매질을 하면서

"이놈아, 네가 품성과 지성을 힘써 닦으며 행실을 조심하여 옛 성인의 도를 배우는 것은 풍속을 바로잡으려는 것인데, 어찌하여 네가 자기 집안의 질서조차도 바로잡아 지키지 못하느냐."
하고 꾸짖었다.

아우와 제수 들이 이 소리를 듣고는 자신들의 잘못을 깨달아 머리를 땅에 대고 용서를 빌어, 다시는 싸우지 않고 진심으로 서로 사랑하면서 사이좋게 지냈다.

● 예공(豫公) : 목용(繆彤). 예공은 자. 여남(汝南)의 소릉(召陵) 사람.

9
재산을 다투던 형제

하북 사람 소경(蘇瓊)이 지방 태수로 부임했다.

그 고을에 을보명(乙普明)이란 백성이 있었는데, 그의 형제들이 논밭 소유권 문제로 여러 해 동안 재판을 하며 다투어 왔다. 재판을 오래 끄는 동안, 서로 자기에게 유리한 증인을 내세우다 보니 증인의 수가 1백 명이 넘었다.

새로 부임한 태수 소경이 을보명 형제들을 불러 놓고 타일러 말했다.

"세상에 얻기 어려운 것이 형제이고 구하기 쉬운 것이 논밭이다. 논밭을 얻었다 하더라도 형제를 잃는다면 그 마음이 어떠할까."

이렇게 말하면서 눈물을 흘리니 증인을 섰던 사람들도 남의 재산 싸움에 끼어든 것이 부끄러워 증인 서기를 거절하고 모두 돌아가고 말았다.

을보명 형제들은 머리를 땅에 대고 절을 하면서 밖에 나가 다시 생각할 기회를 달라고 빌었다.

을보명 형제들은 재산 때문에 싸워 온 지 10년 만에 다시 모여 함께 살면서 의좋게 지냈다.

10
• • • • • •

이복형을 친형처럼 섬긴 왕람

왕람의 어머니 주(朱)씨는 전실 자식인 왕상(王祥)을 심하게 구박했다. 왕람의 나이 다섯 살 때 형인 왕상이 어머니에게 매맞는 것을 보고 울면서 형을 감싸 껴안았다.

왕람은 기회가 있을 때마다 어머니에게 형을 구박하지 말라고 부탁했다.

주씨는 도리에 맞지 않는 일을 시켜 왕상을 괴롭히려 했지만, 그때마다 왕람이 형을 도와 함께 일을 했다. 주씨가 왕상의 아내를 심하게 부리면 왕람의 아내가 도와서 함께 일을 했다.

이렇게 아들 내외가 형을 감싸고 도니 마침내 주씨도 더 이상 왕상을 괴롭히지 못했다.

● 소경(蘇瓊) : 자는 진지(珍之). 하북(河北) 사람.

● 왕람(王覽) : 자는 현통(玄通). 효자 왕상(王祥)의 이복동생. 형제간의 우애가 깊었다. 왕람의 생모 주씨는 왕상의 계모가 됨.

265

11
● ● ● ● ●
자식을 버리고 조카를 구한 등유

진(晉)나라 사람 등유는 난을 당하여 도적의 무리에게 포로가 되었다가 사수(泗水)를 건널 때 소와 말에 처자를 싣고 도망을 쳤다.

그러나 도중에 또 도적의 무리를 만나 소와 말을 빼앗기고는 아들과 조카를 등에 업고 달아났다.

뒤에서는 도적의 무리가 쫓아오고, 아이 둘을 업고는 도망갈 수가 없었다.

아이 둘을 다 구하려다 모두 잡혀 죽을 형편에 이르렀다. 등유는 아이 둘을 다 구하는 것이 불가능하다는 것을 알고는 아내에게 말했다.

"내 아우가 일찍 세상을 뜨고 단지 이 아들이 있을 뿐이오. 도리상 아우의 핏줄을 끊을 수 없으니 우리 아이를 버릴 수밖에 없소. 혹 우리가 살아난다면 훗날 자식을 얻으면 되지 않겠소."

아내는 울면서 남편의 말에 따랐다.

그리하여 자기 자식을 버리고 난을 면할 수 있었으나 등유는 결국 뒤를 이을 자식을 얻지 못했다.

사람들은 등유의 행위를 의롭게 여기고 그의 처지를 가련하게 생각하여

266

"하늘이 알아 주지 않아 등유 같은 사람에게 자식을 점지해 주
지 않는구나."
하고 말하였다.

조카는 큰아버지 등유를 친아버지처럼 모셨고, 등유가 죽었을
때 부친상의 예에 따라 3년상을 치렀다.

● 등유(鄧攸) : 자는 백도(伯道). 산서(山西) 사람.

12
• • • • •
전염병을 두려워하지 않고 형을 지킨 유곤

진(晉)나라 때 전염병이 돌아 많은 사람이 죽었다.

유곤(庾袞)의 두 형도 병에 걸려 죽고, 셋째형도 병에 걸려 위독했다.

병세가 하도 심해 가족들은 모두 환자와 멀리 떨어진 곳에서 기거했다.

유곤이 혼자 형 옆에 머무르면서 밖으로 나가려 하지 않으므로, 부모와 친척들이 유곤에게 빨리 밖으로 나오라고 다그쳤다.

유곤이 "저는 병을 두려워하지 않습니다." 하면서 부모의 말을 듣지 않고 밤잠을 잊은 채 형을 간호하면서 사이사이 이미 죽은 두 형의 관을 어루만지며 슬피 울었다.

이렇게 몇 달이 지나는 동안 찬바람이 돌자 전염병도 수그러들고, 멀리 피병 갔던 가족들도 모두 집으로 돌아왔다. 와서 보니 병 들었던 셋째아들도 많이 좋아졌고 유곤도 건강했다.

사람들이 입을 모아

"기이하다. 이 아이는 사람이 지키지 못할 도리를 지키고, 사람이 행하기 힘든 일을 했다. 추운 겨울이 되어야 비로소 소나무와 잣나무의 푸르름이 변하지 않음을 안다고 했고 어려움을 당했을

268

때 비로소 사람의 참된 가치를 알게 된다고 했다. 이제야 우리는
아무리 무서운 전염병이라도 감염시키지 못하는 사람이 있다는
것을 알았다."
하고 말했다.

● 유곤(庾袞) : 곤(袞)은 이름, 자는 숙포(叔襃). 하남(河南) 영천(穎川) 사람.

13
●●●●●
병든 누님을 위해 죽을 끓인 늙은 재상

당나라의 영공이 재상의 자리에 올라 귀한 몸이었지만 누님이 병이 들자 몸소 불을 때서 죽을 끓였다.

한 번은 영공이 죽을 끓이느라 불을 때다가 수염을 태웠는데, 누님이 불에 탄 영공의 수염을 보고 "집안에 하인이 많은데 어찌 이같은 고생을 하는가?" 하고 말했다.

"어찌 부릴 사람이 없어서 그리하는 것이겠습니까. 누님께서 나이 들어 늙으셨고 저도 또한 늙었습니다. 자주 누님을 위해 죽을 끓여 드리고 싶어도 그러한 기회가 앞으로 얼마나 많겠습니까." 하고 영공이 누님의 손을 잡고 말했다.

● 영공(英公) : 이적(李勣). 원래 서세적(徐世勣)이었는데, 당(唐)나라 고조로부터 이씨 성을 받았다. 후에 태종의 휘(諱)가 세민(世民)이어서 세(世)를 기피하여 적(勣)이라 하였다. 영공으로 봉해졌으며 시호는 정무(貞武)라 하였다.

제 3 절
집안을 화목하게 이끈 사람들

참을 인(忍)자 백 개로

271

1
#####
늙은 아버지의 늙은 아들 가르치기

석분과 그의 네 아들 건(建), 갑(甲), 을(乙), 경(慶)이 모두 2천 석 녹봉을 받는 자리에 있어, 사람들이 석분을 가리켜 만석군(萬石君)이라 불렀다.

석분이 은퇴하였으나, 혹 일이 있어 외출할 때 궁궐 앞을 지나갈 경우에는 항상 수레에서 내려 걸어갔다.

자손 중에 벼슬아치가 되어 인사하러 오면, 반드시 조복을 입고 만나 보았으며, 자손 중에 잘못을 저지른 이가 있으면 직접 꾸짖지 않고, 자기 방에 들어가 문을 닫아 걸고 밥상도 대하지 않았다.

이 일을 안 집안 사람들이 잘못한 이를 서로 꾸짖고, 장남인 건이 윗옷을 벗고 사죄를 드려야만 비로소 용서했다.

장남인 건과 막내 경이 중앙 정부의 장관급 자리에 있었다. 건은 닷새마다 목욕하고 아버지를 뵙고 아버지의 옷을 가져다가 몸소 빨았다. 그러나 이 일을 아버지에게 알리지 못하게 했다.

어느 날 막내아들 경이 술에 취해 마을에 들어서면서 수레에서 내리지 않았다. 석분이 이 일을 알고는 자기 방에 들어가 밥도 먹지 않았다. 경이 윗옷을 벗고 아버지 방 앞에 꿇어앉아 용서를 빌었지만 노여움을 풀지 않았다.

온 집안 사람들이 경을 꾸짖고 장남인 건이 윗옷을 벗고 아버지 방 앞에 꿇어앉아 용서를 빌자 그 때서야 석분이 경을 꾸짖었다.

"네 벼슬은 존귀한 자리다. 높은 벼슬아치가 마을에 들어서면 동네 사람들이 두려워하여 모두 숨어 버린다. 벼슬 높은 이가 수레에 태연히 앉아서 마을에 들어서는 것이 과연 잘 한 일인가."

이 일이 있은 후부터 석분의 아들들은 모두 마을 동구밖에서 수레를 내려 종종걸음으로 집에 돌아왔다.

● 석분(石奮) : 석은 성, 분은 이름. 그와 네 아들 건(建) 갑(甲) 을(乙) 경(慶) 5인(五人)이 모두 2천 석의 녹위(祿位)에 이르렀기 때문에 만석군(萬石君)이라 함.

273

2
• • • • •
자손을 위해 논밭과 집을 사지 않은 소광

　소광이 나이 들어 사직원을 내고 시골로 돌아가니, 임금이 황금 20근을, 황태자가 황금 50근을 하사했다.

　소광은 시골로 내려와서는 날마다 친구와 동네 사람들을 불러 잔치를 베풀었다. 소광은 아내에게 금을 맡겨 놓고는 그 금을 팔아서 잔치 준비를 하게 했다.

　그렇게 한 해가 지날 즈음, 한 친척이 소광에게 이렇게 말했다.

　"하사받은 금을 잔치하는 데 다 탕진할 생각입니까. 자식들을 위해 전답을 마련해야 하지 않겠습니까."

　이 말을 들은 소광이 이렇게 말했다.

　"내 어찌 자손들의 일을 생각하지 않겠는가. 우리 집에는 조상이 물려준 전답과 집이 있어 부지런히 일하면 헐벗거나 굶을 염려는 없다. 지금의 이 재산을 더 불려 재력을 모은다면 그것은 자손을 게으르게 할 뿐이다. 현명한 사람도 많은 재산을 가지고 있으면 지조를 손상하기 쉬운데, 어리석은 자가 재산을 많이 가지면 술먹고 계집질하고 방탕하기 쉽다. 재산이란 참 묘한 것이어서 많으면 많을수록 사람에게 원망을 사는 것이다. 나에게는 자손을 교화할 힘이 없으니, 다만 자손이 남의 원망을 사는 일이 없기를 바

랄 뿐이다. 그리고 이 황금은 임금이 늙은 신하의 여생을 걱정하
여 주신 것이다. 그런 까닭에 고향 사람이나 우리 집안 사람들과
함께 임금의 은혜를 고마워하고 즐기면서 내 여생을 마친다는 것
은 얼마나 좋은 일인가."

● 소광(疏廣) : 자는 중옹(仲翁). 동해(東海) 난릉(蘭陵) 사람. 서한(西漢)의 명
신이다.

3
• • • • •
자손에게 무엇을 남겨 주어야 하나

어느 날 형주 태수 유표가 방덕을 초청했으나 응하지 않으므로 그를 직접 만나러 갔다. 방덕은 밭에서 일하던 채로 유표를 맞았다. 방덕의 아내와 아이들도 밭에서 함께 일하고 있었다.

유표가 "선생이 시골에 살면서 고생스럽게 농사를 지으며 사는 것보다 벼슬자리에 나가는 것이 처자들 고생도 시키지 않고 좋지 않겠습니까. 이렇게 살다 죽으면 자손에게 무엇을 남겨 주실 수 있겠습니까." 하고 말했다.

"세상 사람들은 모두 자손에게 위태로운 것을 남겨 주고 있지만, 나는 자손에게 편안한 것을 남겨 주려 합니다. 비록 물려주는 것이 없는 것 같지만 전혀 없는 것이 아니지요."

방덕이 이렇게 대답하자, 유표는 방덕의 안빈낙도하는 생활 철학에 감탄하고 돌아갔다.

● 유표(劉表) : 자는 경승(景升). 산양(山陽) 고평(高平) 사람. 형주태수(荊州太守)를 지냄.
● 방덕(龐德) : '원문집해(原文集解)'에 방덕으로 됨. 양양(襄陽) 사람.

4
·····
형제간의 우애를 실천한 최정의 아들들

북위(北魏) 사람 최정은 아들 다섯을 두었는데, 이들의 형제간 우애가 어찌나 돈독한지 사람들의 칭찬이 자자했다.

최정이 죽은 뒤에는 아우들이 맏형인 효분(孝芬)을 아버지처럼 받들어 공경했다. 앉을 때, 먹을 때, 외출할 때, 형이 명하지 않으면 마음대로 하지 않았다. 한 푼의 돈과 한 자의 비단도 개인 방에 들이지 않았고, 경사스러운 일이나 궂은일에 물건이 필요하면 형이 나누어 주었다.

형제의 아내들도 서로 친애하면서 먹을 것과 입을 것이 있으면 있는 대로 없으면 없는 대로 함께했다.

숙부가 죽은 뒤에는 숙모를 친어머니 섬기듯 봉양했다. 집안의 크고 작은 일은 모두 숙모에게 상의하여 처리했다. 집안의 모든 재물도 숙모의 곳간에 넣었으며, 모든 분배는 숙모가 요량하여 나누어 주는 대로 따랐다.

숙모가 죽을 때까지 20여 년 동안이나 이렇게 했다.

● 최정(崔挺)의 아들들 : 북위(北魏) 사람. 효분(孝芬), 효위(孝暐), 효연(孝演), 효직(孝直), 효정(孝政).

5
• • • • •
참을 인(忍)자 100개

　당(唐)나라 때 산동 사람 장공예의 집안은 9대에 걸쳐 한 집에
서 살았다. 당나라 임금 고종(高宗)이 태산에서 하늘에 제사 지
내는 행사를 마치고 궁궐로 돌아가던 길에 장공예의 집에 들렀다.

　임금이 장공예를 불러 "9대가 한 집에 살면서 화목하게 지낼 수
있는 비법이 무엇인가?" 하고 물었다.

　장공예는 '참을 인(忍)자' 100자를 써서 임금에게 올렸다.

　장공예는, 집안이 화목하지 못하는 까닭은 집안의 어른이 의복
과 음식을 고르게 나누어 주지 못함에 있고, 항렬 낮은 이와 젊은
이 들이 예절을 잘 지키지 못함에 있고, 집안 사람끼리 서로 잘못
을 책망하고 원망하며 의견이 맞서서 다투는 데 있다고 생각하고,
이같이 고르지 못한 것이나 불충분한 점을 서로 참고 견딘다면 가
족이 화목하게 살 수 있다고 믿었다.

● 장공예(張公藝) : 당(唐)나라 때 산동 사람. 9세동거(九世同居)로 유명함.

6
· · · · ·
대가족이 화합하는 길

북조(北朝) 때 양씨(楊氏) 집안의 삼형제는 맏형을 중심으로
화목하게 살았다.

맏형 양파(楊播)와 둘째 춘(椿)과 셋째 진(津)은 아침이면 일
찍 대청마루에 모여 온종일 얼굴을 마주 하고 앉아 처자들이 있
는 내당으로 들어가는 일이 없었다.

맛있는 음식이 있으면 삼형제가 모두 모여서 먹었다. 대청마루
에 휘장을 쳐 놓고 피곤하면 휘장 안에 들어가 잠시 쉬었다가 나
와 다시 웃으면서 이야기를 나누었다.

어느 날 둘째 양춘이 외출하였다가 술에 취해서 돌아왔다. 아우
인 양진이 형의 몸을 부축하여 방에 들어가 쉬게 하고, 자기는 옷
을 벗지 않은 채로 방문 앞에 누워 형의 안부를 살폈다.

양춘과 양진은 나이 예순이 넘어서 둘 다 재상의 지위에 올랐는
데, 양진은 아침 저녁으로 형에게 문안하러 들어갔고, 자식들은
섬돌 아래 나란히 열지어 서서 문안을 드렸다.

형이 외출하여 해가 지도록 돌아오지 않으면 동생은 형이 돌아
올 때까지 밥을 먹지 않고 있다가 형이 돌아온 뒤에야 함께 밥을
먹었다.

　식사를 할 때는 동생이 숟가락과 젓가락을 형에게 드리고, 형이
먼저 맛을 본 다음에 동생에게 먹기를 권하였다.

　양진이 지방에 근무하게 되었을 때 양진은 그 지방에서 나는 맛
있는 음식을 계절마다 형에게 부쳤으며, 만약 부치지 못하면 자기
도 입에 그 음식을 넣지 않았다.

　세 형제의 가족이 100명이 넘었지만, 4대에 걸친 먼 친척들까
지 한솥밥을 먹고 살았으며, 집안에는 이간하는 사람이 아무도 없
었다.

● 양파(楊播) : 자는 원휴(元休)였는데 후에 연경(延慶)으로 고쳤다.
● 양춘(楊椿) : 자는 연수(延壽). 파(播)의 아우.
● 양진(楊津) : 자는 나한(羅漢). 파(播)의 아우.

7
• • • • •

그 아버지에 그 아내에 그 아들

당(唐)나라 때 하동(河東)의 절도사였던 유공작(柳公綽)의 집안은 가풍이 엄격하기로 소문이 났다.

유공작의 집에는 동쪽에 작은 별채가 있었다. 조정에 나가지 않는 날이면 유공작은 날이 밝는대로 그 별채로 갔다. 여러 아들들은 의관을 정제하고 나란히 서서 아버지께 문안을 드렸다. 유공작은 이 별채에서 손님을 맞이하고, 집안 일을 처리하고, 아우들과 함께 식사를 하는 등 아침부터 저녁까지 이 별채에서 나오지 않았다.

저녁이 되어 촛불이 들어오면 아들 중 한 사람에게 책을 가져오게 하여 친히 한 번 읽고, 관리로서 가져야 할 마음가짐이나 집안을 다스리는 방법에 대해 동생과 아들, 조카 들에게 강론했다.

어떤 때는 학문에 대해 논하고, 어떤 때는 거문고를 뜯기도 하다가 밤 늦게야 침실로 돌아갔다. 이 때도 여러 아들들은 문 밖에 나란히 서서 밤 문안을 드렸다. 이렇게 하기를 하루도 바꾸지 않았다.

어느 해 흉년이 들었을 때 아들들도 모두 채소와 나물만으로 식사를 했으며, 유공작은 "옛날 우리 형제들이 아버님 곁에 있을 때, 아버님께서는 우리의 학업이 이루어지지 않았다고 하여 고기 먹는 것을 허락하지 않으셨다. 내 감히 이것을 잊지 못한다."라고 했다.

281

고모, 자매, 조카 항렬이 되는 여자 중에 아버지와 사별하였거
나 과부가 된 자가 있으면 비록 먼 친척일지라도 반드시 신랑을
가려 시집보냈다. 모두 나무에 조각한 화장품 상자와 수놓아 물들
인 무늬 있는 비단으로 의복과 세간을 마련해 주었다.

유공작이 죽은 후 아들인 중영(仲郢) 또한 아버지가 정한 법도
를 지키고 따랐으며 숙부 섬기기를 아버지 섬길 때와 조금도 다
르지 않게 했다.

유공작의 아내는 재상을 지낸 한휴(韓休)의 증손녀인데, 시집온
지 3년 동안 단 한 번도 이를 드러내고 웃는 것을 본 사람이 없었
다. 화려하게 수놓은 비단옷은 입지 않았고 항상 무늬 없는 옷만
입었다. 친정에 갈 때는 화려하게 장식한 가마를 타지 않고 대나무
로 꾸민 수수한 교자를 타고 단 두 명의 계집종만 데리고 갔다.

아이들이 자라 학문을 닦을 때는 고삼(苦蔘)과 황련(黃蓮)과 웅
담(熊膽)을 섞어 가루내 환약을 만들어서 아들들에게 나누어 주
고, 긴긴 밤 공부할 때 입에 머금어 몸이 상하는 일이 없도록 했다.

● 유공작(柳公綽) : 자는 자관(子寬 : 763~830). 당(唐)나라 때 장안(長安) 사람.

8
• • • • •
집안의 법도는 개도 따른다

강주(江州) 사는 진포의 집안은 10대가 대대로 함께 살았다.

일가친척 700명이 대가족을 이루고 한 집에서 살았는데, 식사 때는 넓은 마당에서 어른과 아이들이 나이 순서대로 자리를 정하여 앉아서 다같이 밥을 먹었다.

집에서 키우는 개가 100마리가 넘었는데, 개들은 한 먹이통에서 다 같이 먹이를 먹었다. 한 마리의 개라도 때 맞추어 오지 않으면 모든 개들이 먹지 않고 기다렸다.

● 진포(陳褒) : 남당(南唐) 시대 구강부(九江府) 덕안현의 진씨. 10대가 대대로 함께 살며 표창을 받았다.

시간과 공간을 초월하여
영원한 고전으로 남아질 수 있는
과거속의 유산을 캐내어
메마른 우리들의 마음밭을
기름지게 가꾸어 줄 수 있는 —

자유문고의 책들

## 1.정관정요 오 긍 지음/편집부 해역	당나라 이후 중국의 역대왕실이 모든 제왕의 통치철학으로 삼아 오던 이 저서는 일본으로 건너가 「도꾸가와 이에야스(德川家康)」가 일본 통일의 기틀을 마련하는데 큰 힘이 되었다. ● 258쪽/값 6,000 원	〈5쇄〉
## 2.식 경 편집부 편역	어떤 음식을 어떻게 섭취하면 몸에 좋은가? 어떻게 하면 건강하게 무병장수 할 수 있는가 등등. 옛 중국인들의 음식물 조리와 저장방법 등 예방의학적 관점에서 그 해답을 얻을 수 있다. ● 258쪽/값 4,000 원	〈5쇄〉
## 3.십팔사략 증선지 지음/이준영 해역	고대 중국의 3황 5제에서부터 송나라 말기까지 유구한 역사의 노정에서 격량에 휘말린 인물과 사건을 시대별로 나눈 5천년 중국사를 한눈에 볼 수 있는 역사서. ● 258쪽/값 6,000 원	〈6쇄〉
## 4.소 학 조형남 해역	자녀들의 인격 완성을 위하여 성인이 되기 전 한번쯤 읽어야 하는 고전. 아름다운 말, 착한 행동, 교육의 기초 등, 인간이 지켜야 할 예절과 우리 선조들의 예의범절을 되돌아 볼 수 있다. ● 328쪽/값 7,000 원	〈4쇄〉
## 5.대 학 鄭佑永 해역	사회생활에서 지도자가 되거나 조직의 일원이 될 때 행동과 처세, 자신의 수양, 상하의 관계 등에 도움은 물론, 훌륭한 지도자로 성장할 수 있도록하는 조직관리의 길잡이이다. ●.160쪽/값 5,000 원	〈3쇄〉
## 6.중 용 曹康煥 해역	인간의 성(性)・도(道)・교(敎)의 구체적인 사항을 제시하였다. 도(道)와 중화(中和)는 항상 성(誠)을 가지고 살아가야 한다는 것과 귀신에 대한 문제 등이 심도있게 논의됐다. ● 168쪽/값 5,000 원	〈3쇄〉
## 7.신음어 呂 坤 지음/편집부 편역	한 국가를 경영하는 요체로써 인간의 마음, 인간의 도리, 도를 논하는 방법, 국가공복의 의무, 세상의 운세 그리고 성인과 현인, 국가를 경영하는 요체 등을 주제로 한 공직자의 필독서이다. ● 256 쪽/값 6,000 원	〈2쇄〉
## 8.논 어 金相培 해역	공자와 제자들의 사랑방 대화록. 공자(孔子)의 '배우고 때때로 익히면 즐겁지 아니한가.'로 시작되는 논어를 통해 공문 제자의 교육법을 알 수 있다. ● 376 쪽/값 8,000 원	〈5쇄〉
## 9.맹 자 全壼煥 해역	난세를 다스리는 정치철학. 백성이란 생활을 유지할 생업이 있어야 변함없는 마음을 가질 수 있고, 생업이 없으면 변함없는 마음을 가질 수 없다. ● 464쪽/값 10,000 원	〈4쇄〉

21. 고승전
혜교 저/유월탄 편역

중국대륙에 불교가 들어 오면서 불가(佛家)의 오묘 불가사의한 행적들과 중국으로 전파되는 전도과정에서의 수난과 고통, 수도과정에서 보여주는 고승들의 행적 등을 기록한 기록문. 〈2쇄〉

● 260쪽/값 4,000 원

22. 한문입문
최형주 해역

조선시대의 유치원 교육서라고 하는 천자문, 이천자문, 사자소학, 계몽편, 동몽선습이 수록됨. 또 관혼상제 등과 가족의 호칭법 등이 나열되고 간단한 제상차리는 법 등이 요약되었다. 〈3쇄〉

● 232쪽/값 5,000 원

23. 열녀전
劉 向 저/박양숙 해역

역사에 큰 발자취를 남긴 89명의 여인들을 다룬 여성의 전기이다. 총 7권으로 구성되었으며 옛여성들이 지킨 도덕관을 한 눈에 볼 수 있는 교양서.

● 416쪽/값 7,000 원

24. 육도삼략
조강환 해역

병법학의 최고봉인 무경칠서(武經七書) 가운데 두 가지의 책으로 3군을 지휘하고 국가를 방위하는데 필요한 저서이다. 『육도』와 『삼략』의 두 권이 하나로 합한 것이다. 〈3쇄〉

● 296쪽/값 7,000 원

25. 주역참동계
최형주 해역

『주역참동계(周易參同契)』란 주나라의 역(易)이 노자의 도(道)와 연단술(練丹術)과 서로 섞여 통하며 『주역』과 연단은 음양을 벗어나지 못하며 노자의 도는 음양이 합치된다고 하였다. 〈3쇄〉

● 272쪽/값 6,000원

26. 한서예문지
이세열 해역

반고(班固)가 찬한 『한서(漢書)』 제30권에 들어 있는 동양고전의 서지학(書誌學)의 대사전이다. 한(漢)나라 이전의 모든 고전을 일목요연하게 볼 수 있는 서지학의 원조이다.

● 328쪽/값 7,000 원

27. 대대례
박양숙 해역

『대대례』의 정식 명칭은 『대대예기』이며 한(漢)나라 대덕(戴德)이 편찬한 저서로 공자(孔子)와 그의 제자들이 예에 관한 기록의 131편을 수집하여 집대성한 것이다.

● 344쪽/값 8,000원

28. 열 자
柳坪秀 해역

『열자』의 학문은 황제(黃帝)와 노자(老子)에 근본을 삼았고 열자 자신을 호칭하여 도가(道家)의 중시조라고 했다. 『열자』는 내용이 재미가 있고 어렵지 않은 것이 특징이다.

● 304쪽/값 7,000원

29. 법 언
揚雄 지음/崔亨柱 해역

전한(前漢)시대 사마상여(司馬相如)의 영향을 받아 대문장가가된 양웅(楊雄)의 문집이다. 양웅은 오로지 저술에 의해 이름을 남기고자 힘써 저술에 전념하였다.

● 312쪽/값 7,000원

30. 산해경
崔亨柱 해역

『산해경(山海經)』은 문학·사학·신화학·지리학·민속학·인류학·종교학·생물학·광물학·자원학 등 제반 분야를 총망라한 동양 최고의 기서(奇書)이며 박물지(博物志)이다.

● 408쪽/값 10,000 원 〈3쇄〉

31. 고사성어 (세상이 보인다 돋보기 엿보기)
송기섭 지음
● 304쪽/값 7,000 원

일상생활에서 많이 쓰이는 중심되는 125개의 고사성어가 생기게 된 유래를 밝히고 1,000여개 고사성어의 유사언어와 반대되는 말, 속어, 준말, 자해(字解) 등을 자세하게 실어 이해를 도왔다. 〈3쇄〉

42. 음즐록

사회에 공헌을 하고 선행을 많이 쌓아 자신이 타고난 운명을 바꿀 수 있다는 저서. 음즐이란 말은 "하늘이 아무도 모르게 사람의 행하는 것을 보고 화와 복을 내린다'는 뜻에서 딴 것이다. 어떠한 행동이 얼마만큼의 공덕에 해당하는 가에 대한 예시도 해놓았다.

鄭佑永 해역
● 176쪽/값 6,000원

43. 손자병법

혼란했던 춘추시대에 태어나 약육강식의 시대를 살며 터득한 경험을 이론으로 승화시킨 손자의 병법서. 전투에서 승리하는 데 필요한 모든 형세과 지형과 기세 등을 살펴 계략을 세우고 실행하는 것에 대한 설명. 현대인들에게는 처세술의 대표적인 책으로 알려졌다.

趙日衡 해역
● 272쪽/값 7,000원

44. 사경

'사람을 쏘려거든 먼저 말을 쏘아라'라는 부제가 대변해 주듯이 활쏘기의 방법에 대한 개론이다. 활쏘기에 필요한 도구와 마음가짐, 손동작, 발 디디기, 몸가짐, 제도 등의 올바른 것을 제시하여 활쏘기 자체를 초월한 도(道)의 경지에 오르는 길을 설명하였으며, 활쏘기는 궁극적으로 덕(德)을 쌓는 길임을 말하고 있다. 관련된 도록을 넣어 보는 재미도 더했고, 본래 사경에는 활을 쏠 때의 예의에 관한 내용이 없어 『예기』에서 활과 관련된 예의 부분을 발췌하여 삽입하였다.

김해성 해역
● 288쪽/값 9,000원

예기 (상·중·하)

근 간

옛날 사람들의 생활과 관련된 모든 것을 총망라하여 49편으로 구성해 놓은 생활지침서. 옛날 사람들이 어떤 문화를 가지고 살았으며, 어떤 것에 생활의 무게를 두었는가 하는 것들을 살필 수 있다. 또한 오늘날 그 의미를 되새겨 우리 생활에 접목시킴으로써 보다 나은 생활을 영위하는 데 토대가 될 수 있다.

101. 한자원리해법

金徹泳 엮음
● 232쪽/값 6,000원

한자가 이루어진 원리를 부수를 기본으로 나열하여 쉽게 풀어놓았다. 한자의 기본인 부수가 생겨나게 된 원리를 보여주어 한자에 쉽게 다가갈 수 있게 하였다. 〈2쇄〉

102. 쉽게 풀어 쓴 상례와 제례

金昌善 지음
● 248쪽/값 7,000원

편의주의에 밀려난 조상들이 지켰던 상례와 제례를 알기 쉽게 풀어 써서 그 의식에 스며있는 의의를 고찰하고 오늘날의 가정의례준칙상의 상례와 제례와도 비교하였다. 또한 상례와 제례가 실제 거행되는 50여컷의 사진들을 함께 실어 이해를 돕고 있다.

성공의 문을 여는 열쇠 33 〈삶의 지혜를 주는 책〉

조일형 지음
● 320쪽/값 10,000원

성공의 전제 조건인 목표 세우기, 신념 갖기, 시간 활용법, 기회 잡기, 인간 관계, 결단력, 인내심과 끈기 등 7가지 항목을 설정하고 각 항목별로 세분하여 모두 33가지 성공 조건을 설명했다.

세계를 움직이는 999인의 명언 〈삶의 지혜를 주는 책〉

유태전 엮음
● 364쪽/값 9,000원

인류를 하나로 묶어 주는 언어를 통해 시대의 정신적 질병을 치료해 주는 999인의 명언을 모아 불안과 공포에 시달리는 현대인들에게 위안을 줄 수 있도록 꾸민 책.